AF550654

Diese Bibel gehört

Ein Freund vom Himmel

DIE KINDERBIBEL

von
YLVA EGGEHORN

Mit Bildern von
TORD NYGREN

Titel der schwedischen Originalausgabe
En vän från himlen
Libris förlag, Örebro, Schweden
www.libris.se

Deutsche Erstausgabe

Gesamtgestaltung: wunderlichundweigand
Umschlagmotiv: © 2015 Tord Nygren/
Verlag Katholisches Bibelwerk, Stuttgart
Herstellung: Finidr s. r. o., Český Těšín
Printed in the Czech Republic

www.bibelwerk-impuls.de
ISBN 978-3-460-28120-2

Inhalt

Teil 1

Teil 2

Teil 3

Teil 1

Hier beginnt der erste Teil der Geschichte von einem Freund vom Himmel. Diese Geschichte fängt vor Millionen von Jahren am Himmel an, und zwar mit einem Stern. Und sie fängt zugleich vor ungefähr 2000 Jahren auf der Erde an, in der kleinen Stadt Betlehem, mit einem Kind.
Der Stern hat eine gute Botschaft für uns: In dem kleinen Kind ist der Himmel der Erde ganz nahegekommen. Dann wächst das Kind heran, und als es groß geworden ist, sagt es uns: „Ich bin gekommen, um alle Menschen in Gottes Reich einzuladen, in das Himmelreich …"

Das Kind und der Stern

Es war Nacht in der kleinen Stadt Betlehem. Alles war still und ruhig. Ein leichter Wind zog über den Erdboden und durch das Gras, das auf den Wiesen vor der Stadt wuchs. Die Schafe, die sonst dort grasten, schliefen. Die Hunde, die sonst die Schafe hüteten, schliefen bei den Hirten, die sich in ihre Wollmäntel gehüllt hatten, um nicht zu frieren. Kein Mensch war unterwegs auf dem Weg zur Stadt.

Aber in der Dunkelheit war plötzlich ein Geräusch zu hören.

Einer der Hütehunde spitzte die Ohren. Er lauschte eine Weile, doch schon bald schlief er wieder. Diesen Laut kannte er ja schon. Das war ein kleines Kind, das irgendwo in der Dunkelheit und Stille wach lag und Trost brauchte.

Das Kind lag in einer Felshöhle, die von den Menschen in Betlehem als Stall für die Tiere genutzt wurde. Viele nutzten so eine Felshöhle, um in ihr nachts ihren Ochsen oder Esel anzubinden. Die Tiere bekamen dort Heu und Wasser und waren vor Regen und Sturm geschützt.

Der Ochse und der Esel schliefen nicht. Stattdessen standen sie und schauten zu einem Kind. Dieses Kind, das der Hund gehört hatte, lag vor ihnen im Stroh, in weichen Stoff gewickelt. Es war kalt, und der Atem der Tiere sah aus wie Rauch. Das Kind wusste nicht, dass andere Kinder in Häusern lebten und warm eingepackt unter dicken, feinen Decken schliefen. Es lag in der warmen Luft, die Körper und Atem vom Ochsen und Esel verströmten, und sah nichts in der Dunkelheit. Es spürte nur den Geruch und die Wärme der Tiere.

Neben dem Kind saß ein Mann, der Josef hieß. Josef beugte sich vor und schaute dem Kind ins Gesicht.

Es ist so klein, dachte er. Wir müssen gut für das Kind sorgen. Egal, was passiert.

Die Mama von dem Kind hieß Maria. Sie hatte die Felshöhle für eine Weile verlassen, um sich in einem Bach zu waschen, der in der Nähe vorbeifloss. Zum ersten Mal war Josef allein mit dem Kind, das gerade erst in der vergangenen Nacht geboren war.

Ist zum Glück noch alles gut geworden, dachte Josef. Das Schlimmste ist vorbei. Vor zwei Tagen sind wir hier angekommen nach dem anstrengenden Weg von der Stadt Nazaret. Zuerst hatten wir keinen Raum, in dem wir über Nacht wohnen konnten, aber jetzt haben wir ihn. Maria hat das Kind geboren, und beiden geht es gut. Und wir haben uns hier in Betlehem in die Steuerliste eintragen lassen.

Es war eine weite Reise von Nazaret nach Betlehem. Der Kaiser aus Rom hatte befohlen: Jeder soll in die Stadt reisen, aus der seine Familie stammt, damit die Beamten des Kaisers ihn dort in Listen eintragen können. Der Kaiser wollte damit feststellen, wer für ihn und seine Soldaten Steuern zahlen musste. Niemand wagte, sich dem Befehl zu widersetzen. Nicht einmal Josef und Maria, obwohl Maria kurz davor war, ihr Kind zu bekommen.

Als sie in Betlehem angekommen waren, mussten sie sich in einer langen Warteschlange anstellen. Es dauerte Stunden, bis sie schließlich am Schreibtisch des römischen Beamten standen, der alle Namen aufschrieb. Als sie danach eine Unterkunft für die Nacht suchten, fanden sie in der ganzen Stadt keinen Raum. Die Bewohner von Betlehem hatten die Nase voll von all den Fremden, die sich hier in die Listen eintragen ließen. Niemand hatte Lust, ein paar armseligen Fremden zu helfen.

Schließlich sagte ein Mann zu ihnen:

„Ich habe draußen vor der Stadt eine Felshöhle für meine Tiere. Da könnt ihr die Nacht verbringen. Das wird für euch ausreichen."

Deshalb also waren sie hier in der Höhle.

Ja, ist doch noch alles gut geworden, dachte Josef, als er neben dem Kind saß.

Er dachte zurück an die vergangene Nacht, als das Kind in der Höhle geboren wurde.

Es war so schmutzig dort, und Maria hatte Angst, als sie spürte, dass das Kind gleich kommen würde. Aber Josef legte einige saubere Stücke Stoff auf den Boden, und eine Frau, die gerade vorbeiging, hörte die Schreie von Maria, als das Kind kam.

Die Frau kam und half. Sie brachte Wasser aus dem Bach. Und sie schenkte ihnen Brot und Salz.

Als der Junge geboren war, sagte die Frau, dass sie schnell nach Hause müsse und nicht wiederkommen könne. Überall waren Wachen des Kaisers, und es könnte gefährlich sein, Fremden zu helfen.

„Wie heißt das Kind?“, fragte die Frau, bevor sie ging.

„Es soll Jesus heißen“, sagte Maria.

In ihrer Sprache hörte es sich an wie „Jeschua“. Das bedeutet „Gott rettet“ oder „Gott befreit“.

Draußen war es dunkel. Aber am Himmel leuchtete ein Licht herab zu dem Ort, wo das Kind lag.

Ein Engel bringt eine wichtige Botschaft

Die Hirten schliefen fest nach einem langen Arbeitstag. Doch plötzlich wurde der Hütehund unruhig. Irgendetwas war nicht in Ordnung.

Was konnte das sein? Wurde es etwa schon Morgen?

Das Gras hier sah normalerweise völlig schwarz aus in der Dunkelheit, aber jetzt wurde es langsam grau und begann fast wie Silber zu glänzen. Die Sterne, die eben noch am Nachthimmel geleuchtet hatten, erblassten und verschwanden schließlich ganz. Bald war der ganze Himmel hell erleuchtet. Was für ein Licht! Es war kein Blitz. Es war auch kein Sonnenschein, aber genauso hell.

Die Hirten fuhren aus dem Schlaf auf und setzten sich hin.

Das Licht wurde heller und heller, und mittendrin stand jemand.

Das war ein Engel.

Niemand rechnet mitten in der Nacht mit Engeln, wenn man an nichts anderes denkt als daran, Schafe zu bewachen. Die Hirten bekamen Angst und hielten ihre Mäntel vor die Augen, um nicht geblendet zu werden.

„Habt keine Angst“, sagte der Engel. „Ich habe eine Botschaft für euch: Ein Kind ist geboren, genau dort, wo ihr wohnt, in Betlehem. Sein Name ist Jesus, und das bedeutet: Gott befreit.“

Plötzlich waren die Hirten hellwach. Freiheit! Davon träumte doch das ganze Volk. Freiheit vom Kaiser in Rom und seinen Soldaten. Freiheit, endlich das tun zu dürfen, was man will, ohne Angst vor Strafe. Freiheit von Leid und Schmerz. Nie wieder harte Arbeit und schlechtes Essen. So lange hatten sie schon darüber gesprochen und davon geträumt. In den alten Schriften stand, dass Gott sie eines Tages befreien wird. Aber nichts war bisher geschehen, obwohl sie doch so lange darauf gewartet hatten. Konnten sie jetzt dem Engel glauben?

„Das Kind wird eine große Freude für das ganze Volk sein", sagte der Engel. „Dieses Kind wird euch eines Tages befreien. Gott hat es auserwählt. Ihr werdet es finden, nicht weit von hier. Es liegt in einer Futterkrippe, aus der sonst die Tiere fressen, und es ist arm, so arm wie ihr."

Plötzlich war der Engel nicht mehr allein. Um ihn herum stand eine große Schar leuchtender Engel. Sie standen dort im himmlischen Glanz und sangen Lieder über Gott, der den Menschen Frieden auf Erden schenkt, weil er sie liebt.

Dann wurde es wieder still.

Das Licht, der Gesang und die Engel waren verschwunden.

Nur die Hirten waren noch da.

„Ein Kind, das so arm ist wie wir und das Gott auserwählt hat, um uns zu befreien!", sagten sie zueinander. „Wollen wir nach Betlehem gehen? Ja, lasst uns das tun."

Sie machten sich schnell auf den Weg, und der Hütehund beeilte sich, um mit den Schafen hinterherzukommen.

Sie fanden Maria und Josef und Jesus in einem Stall. Sie standen am Eingang und sahen das Kind, das zu ihnen guckte.

Auch der Ochse und der Esel schauten in ihre Richtung und kauten langsam an einem Büschel Gras.

Der Hütehund legte sich auf den Boden und seufzte tief auf. Er glaubte wohl, dass er es war, der das Kind gefunden hatte. Nun schien er dort Wache zu halten, damit keiner dem Kind zu nahe kam.

In der Morgendämmerung kehrten die Hirten wieder um, zusammen mit dem Hund und den Schafen. Während die Sonne langsam aufging, unterhielten sie sich über alles, was passiert war. Sie staunten immer noch. Alles war so, wie der Engel es gesagt hatte!

Und was sagte Maria zu alldem?

Maria schwieg. Das, was geschehen war, bewahrte sie in ihrem Herzen.

Drei Forscher suchen nach einem neuen König

Einige Tage nach dem Besuch der Hirten in der Felshöhle ritten drei Männer durch ein Dorf, das nicht weit von der großen Stadt Jerusalem entfernt war.

Die Menschen kamen in den Gassen und an den Straßenecken zusammen, um einen heimlichen Blick auf die drei Fremden zu riskieren. Was für eine prächtige Kleidung! Was für stattliche Kamele, auf denen sie ritten!

Aber es war deutlich, dass sie eine lange Reise hinter sich hatten. Ihre Kleider waren staubig, und die Kamele sahen müde aus.

Die Fremden waren drei Forscher aus weit entfernten Ländern. Wenn sie sich unterhielten, verstand man kaum, was sie sagten. Aber nach dem Weg fragten sie in derselben Sprache, die die Menschen im Dorf sprachen. Was für fremdartige Gerüche und was für merkwürdige Hüte!

Während der ganzen Zeit redeten sie miteinander und diskutierten mit schwer verständlichen Worten. Sie hatten Bücher dabei, schauten immer wieder zum Himmel hinauf und zeigten dort oben auf einen bestimmten Punkt.

„Wir sind weit gereist, um den neuen König zu finden", sagten sie zu einigen erstaunten Dorfbewohnern. „Habt ihr ihn gesehen? Wir wollen ihm gratulieren und ihm Ehrfurcht und Respekt erweisen.“

Alle schüttelten den Kopf.

„Wir haben seinen Stern – eine sehr ungewöhnliche Konstellation – oben am Himmel gesehen, also muss es ihn geben“, fügten sie hinzu.

Die Leute schwiegen, und die meisten fragten sich, was das wohl ist, eine Konstellation. Die Sterne und Planeten bewegen sich ständig. Das wussten die Forscher. Eine Konstellation bedeutet, dass verschiedene Planeten sich so am Himmel bewegen, dass sie ganz nahe beieinander stehen und daher besonders hell leuchten. Die Forscher lesen den Himmel wie eine Karte. Deshalb hatten sie hierher gefunden.

„Vielleicht solltet ihr weiter nach Jerusalem ziehen, zum Palast, und dort fragen", sagte schließlich jemand aus dem Dorf.

Und das taten die Forscher.

Sie vergaßen, dem Stern zu folgen, und ritten stattdessen zum Palast. Dort trafen sie den König, der Herodes hieß.

Herodes war ein harter Herrscher und gewohnt, alles zu bekommen, was er wollte. Er hatte Macht, und so wie viele Mächtige hatte er Angst, diese Macht zu verlieren. Besonders dann, wenn man andere bestraft und gequält hat. Genau das hatte Herodes getan.

„Ein neuer König, sagt ihr?", fragte Herodes und sah sehr streng aus.

Aber er hatte Angst. Was wäre, wenn tatsächlich ein neuer König unterwegs war, um ihn vom Thron zu stürzen?

„Hier ist er nicht", sagte Herodes. „Aber sucht gern weiter! Und gebt mir Bescheid, wenn ihr ihn gefunden habt! So kann ich auch kommen und mich vor ihm verneigen."

Natürlich dachte Herodes nicht im Traum daran, dem Königskind zu gratulieren. Stattdessen wollte er alles tun, damit der neue König niemals König sein würde. Er plante, ihn zu töten.

Aber das sagte er den drei Forschern nicht.

Schließlich fanden die drei Forscher Jesus. Sie fielen vor dem Kind auf die Knie, dort, wo sonst der Ochse und der Esel ihr Futter fraßen. An so einem Ort erwartet man eigentlich keinen König. Aber darüber zerbrachen sich die Forscher nicht den Kopf. Sie waren es gewohnt, dass viele Dinge nicht so sind, wie man sie sich vorgestellt hat.

Sie schenkten dem Kind kostbare Gaben – Gold, Weihrauch und Myrrhe, die so gut riecht.

Danach wurden sie im Traum gewarnt: Geht nicht zurück zu Herodes! Sie zogen in der Nacht fort und nahmen einen anderen Weg zurück in ihr Heimatland.

Die Forscher kamen also nicht zurück zu Herodes, und nach einiger Zeit wurde ihm klar, dass sie ihn reingelegt hatten.

Aber er gab nicht auf. Er sprach mit gelehrten Männern, die die alten heiligen Schriften kannten. Dort stand, dass ein neuer König in Betlehem geboren werden sollte.

Als die Soldaten des Herodes auf dem Weg nach Betlehem waren, wurde Josef klar, dass er mit Maria und Jesus aus dem Land fliehen musste.

Die Soldaten kamen zu spät. Da ließ Herodes zur Strafe alle kleinen Kinder in Betlehem töten.

Herodes wollte mächtig und berühmt sein. Doch nach seinem Tod blieb nur die Erinnerung an einen Mann, der kein Herz hatte, weil er so etwas Böses tun konnte.

Maria und Josef zogen mit Jesus fort nach Ägypten und blieben dort eine Weile.

Jesus und die zwei Väter

Als Jesus einige Jahre alt war, kehrten Josef und Maria mit ihm aus Ägypten zurück in ihre eigene Stadt. Die hieß Nazaret.

Josef war Zimmermann. Er holte seine Werkzeuge und sein Bauholz hervor und begann wieder zu arbeiten.

Jesus wuchs heran und spielte und lernte vieles.

Manchmal war er bei Josef in der Werkstatt und lernte, Holz zu bearbeiten. Er war auch dabei, wenn Josef und andere Männer Häuser bauten.

Aber er wusste auch, wie man einen Sauerteig ansetzt, wenn man Brot backen will, wie man sich für eine Hochzeit kleidet und wie man ein Haus sauber macht.

Und er lernte lesen und schreiben. Das lernte er in der Synagoge, einem Haus für Gebet und Gottesdienst. Dort befanden sich die heiligen Schriften auf großen Textrollen, die zum Lesen ausgerollt wurden. Jeden Samstag, das war der Ruhetag, der Sabbat genannt wurde, versammelten sich dort alle. Sie beteten und sangen – und manchmal tanzten sie vor lauter Freude, wenn sie Gott dankten.

Als Jesus zwölf Jahre alt war, durfte er zum großen Tempel in Jerusalem mitkommen. Einmal im Jahr gingen die Menschen dorthin – wer sich einen Esel leisten konnte, ritt darauf –, um das Paschafest zu feiern.

Tausende Menschen waren im ganzen Land unterwegs auf den Wegen, die nach Jerusalem führten. Sie hatten Essen für unterwegs dabei, und überall wurde gesungen.

Jesus ging im Tempel umher. Der war fast so groß, wie damals eine ganze Stadt war.

Es gab dort große, gepflasterte Höfe, wo man Tiere zum Opfern kaufen konnte, aber auch Andenken, die man mit nach Hause nahm.

Es gab lange Säulengänge, wo sich die Menschen versammelten und miteinander redeten. Die Kinder sprangen herum und spielten. Es war dort eng und richtig aufregend.

Etwas weiter weg saßen die gelehrten Männer, die fast immer im Tempel waren, um zu beten und die heiligen Schriften zu lesen. Sie diskutierten miteinander über die Bedeutung der Texte. Man nannte sie Schriftgelehrte.

Nach ein paar Tagen in Jerusalem machten sich Maria und Josef wieder auf den Heimweg. Sie gingen zusammen mit all den anderen aus Nazaret, und so merkten sie gar nicht, dass Jesus nicht dabei war.

Erst als sie schon einen ganzen Tag unterwegs gewesen waren, entdeckten sie, dass er fehlte.

Sie riefen und suchten und wurden immer unruhiger.

Schließlich waren sie gezwungen, den ganzen Weg nach Jerusalem noch einmal zu gehen.

Weit hinten im Tempel, in einem Säulengang, saßen einige Schriftgelehrte und unterhielten sich. Viele Menschen standen drumherum und hörten zu. Und immer mehr drängten sich näher.

Doch der, der am meisten redete, war ein Junge.

Er saß mitten unter den Gelehrten. Die standen um ihn herum und hörten ihm zu. Sie waren völlig verblüfft darüber, dass er so klug war und so vieles verstand.

Niemand wusste eine Antwort, als er fragte:

„Warum steht das so in den Schriften? Könnte das nicht auch etwas anderes bedeuten?"

Als Maria und Josef näher kamen, entdeckten sie, dass es Jesus war, der dort saß.

Maria wurde ärgerlich.

„Wir haben überall nach dir gesucht, und jetzt bist du hier! Verstehst du nicht, dass wir uns Sorgen gemacht haben?"

Jesus blickte sie verwundert an.

„Aber muss ich nicht dort sein, wo mein Papa ist?"

Maria schwieg.

Vielleicht ahnte sie, dass Jesus zum ersten Mal spürte, wer er war: der Messias, der Sohn Gottes.

So hatte es ihr ein Engel verkündet, als sie mit Jesus schwanger wurde.

Zu Hause in Nazaret galt er doch nur als der Sohn von Josef und Maria, der Sohn des Zimmermanns, einer von vielen im Dorf. Aber Maria hatte gesehen, dass er manchmal seine eigenen Wege ging. Was dachte er wohl? Und was wird geschehen, wenn er anderen erzählt, dass er der Messias ist?

Ihr war, als würde ein unsichtbares Schwert der Angst durch ihren ganzen Körper schneiden.

Jesus stand auf und zog mit Maria und Josef wieder heim nach Nazaret. Aber die Schriftgelehrten strichen sich über den Bart und sagten:

„Jemanden wie diesen Jungen haben wir noch nie gehört. Wo hat er das nur alles her?“

Maria begrüßt Elisabet

Jesus hatte einen Verwandten, der Johannes hieß. Ihre Mütter hatten sich einmal getroffen, bevor Jesus und Johannes geboren wurden. Die Bibel erzählt davon:

Eines Tages, als Johannes noch im Bauch seiner Mutter war, kam Maria und besuchte sie.

Die Mutter von Johannes hieß Elisabet. Sie öffnete die Haustür und kam heraus, und Maria lief ihr entgegen.

Da spürte Elisabet zum ersten Mal, wie Johannes in ihrem Bauch strampelte.

„Elisabet", rief Maria, „ich muss dir erzählen, was passiert ist! Als ich allein zu Hause war, wurde es plötzlich ganz hell im Zimmer und ich sah einen Engel. Er sagte, dass er Gabriel heißt und dass er von Gott geschickt wurde. Du wirst bald ein Kind bekommen, sagte er. Das Kind soll Jesus heißen, und es ist Gottes Sohn, der Sohn des Höchsten, der Messias. Zuerst fragte ich: Aber wie kann das möglich sein? Ich war doch mit keinem Mann zusammen. Aber dann sagte ich: Ich habe mich entschieden. Wenn Gott es will, dann soll es so sein. Da kam mir ein Lied in den Sinn. Es handelt davon, dass Gott die Armen erhöht und die Reichen von ihren Stühlen stürzt. Er hat uns nicht vergessen."

Der Kaiser in Rom und seine Soldaten bestimmten zu der Zeit über alle Dinge. Das einfache Volk wurde nicht gefragt. Die Menschen mussten hohe Steuern an den Kaiser zahlen.

Unter ihnen hatte sich die Hoffnung verbreitet, dass ein neuer König kommen wird, um das Volk von den Unterdrückern zu befreien.

Er wurde Messias genannt.

Messias war ein Ehrentitel, den Könige erhielten. Messias bedeutet: „der mit Öl gesalbt wurde". Wenn das Volk einem König die Krone aufsetzte, war es Brauch, dass jemand kostbares, duftendes Salböl auf seinen Kopf goss.

„Das alles weiß ich auch", sagte Elisabet und hielt eine Hand auf ihren Bauch. „Gott hat mir gesagt, dass du ein Kind bekommst – den Messias, der uns alle retten soll. Als du zu mir gekommen bist, da strampelte mein Kind vor Freude in meinem Bauch. Ich werde auch ein Kind bekommen, obwohl ich schon so alt bin."

Da standen Elisabet und Maria, schwanger mit Johannes und Jesus, und ein Windstoß fuhr in die Wäsche, die auf dem Dach des Hauses von Elisabet lag. In ihrem Land waren die Hausdächer damals flach, und wenn die Sonne schien, hingen die Tücher und Kleider zum Trocknen auf dem Dach. Die Kleider flatterten im Wind, so als wollten sie davonfliegen. Es lag Frühling in der Luft.

„Jetzt beginnt eine ganz neue Zeit!", sagte Elisabet.

Johannes tauft Jesus

Johannes und Jesus wuchsen auf, ohne sich zu begegnen, aber sie wussten ja voneinander.

Als Johannes erwachsen war, zog er hinaus in die Wüste. Er kam lieber allein zurecht.

Er trug Kleidung aus Tierleder, und er aß wilden Honig – und Heuschrecken, die er über dem Feuer röstete.

Johannes hatte erlebt, wie das Volk von seinen Herrschern gequält wurde. Deshalb stellte er sich an den Fluss Jordan und rief:

„Wenn ihr Reichen und Mächtigen euch nicht ändert, wird es böse mit euch enden! Teilt euren Besitz mit den Armen! Der Messias kommt bald, und deshalb könnt ihr nicht weitermachen wie bisher!“

Viele kamen zu Johannes. Sie stiegen in den Fluss und wurden von Johannes getauft, als Zeichen, dass das alte Leben abgewaschen wird und sie jetzt anders leben als bisher.

Wenn die Menschen von Johannes sprachen, dann sagten sie: Johannes der Täufer.

Er sagte:

„Einige von euch fragen, ob ich der Messias bin. Nein, ich bin es nicht. Der, der nach mir kommt, ist größer als ich. Ich bin es nicht einmal wert, die Riemen seiner Sandalen zuzubinden. Er wird euch mit Gottes heiligem Geist taufen und euch Kraft geben, ein völlig neues Leben zu beginnen."

Der König, er hieß Herodes Antipas, mochte Johannes den Täufer nicht. Johannes hatte verkündet: Herodes ist ein böser und grausamer Mann. Er rafft alles an sich, was er haben will, Geld und Frauen. Wenn es sein muss, bringt er dafür sogar Menschen um.

Eines Tages kam Jesus zum Fluss.

„Taufe mich!", sagte er zu Johannes.

„Nein, das kann ich nicht tun", sagte Johannes. „Eher solltest du mich taufen."

„Tu nur, was ich dir sage", antwortete Jesus.

Er stieg ins Wasser, und Johannes taufte ihn. Die Menschen am Ufer konnten sehen, wie Gottes Kraft und Licht auf Jesus herabkam wie eine weiße Taube. Und sie hörten eine Stimme, die sagte:

„Das ist mein geliebter Sohn, meine Freude. Hört auf ihn!"

Danach ging Jesus hinaus in die Wüste, ganz allein. Er suchte dort die Einsamkeit, um zu beten. Vierzig Tage lang war er draußen in der Wildnis, ohne etwas zu essen.

Nach einiger Zeit wurde er hungrig. Da sah er, wie das Böse, Gottes Gegenspieler, zu ihm kam. Und schon hörte er den Gegenspieler wie eine flüsternde Stimme an seiner Seite.

Er verstand sofort, dass diese böse Stimme ihn von Gott fortlocken wollte.

„Du bist doch Gottes Sohn und hast es nicht nötig zu hungern“, sagte das Böse. „Du kannst doch einfach diese Steine hier in Brot verwandeln.“

„Das werde ich nicht tun, das ist zu wenig“, sagte Jesus. „Der Mensch lebt nicht nur vom Brot, sondern von alldem, was Gott ihm geben will.“

In Wahrheit ist es doch so, dass die Erde ständig Samenkörner in Brot verwandelt. Deshalb gibt es genug Nahrung in der Welt. Wenn alle bereit wären, mit anderen zu teilen, müsste niemand hungern.

Aber das Herz des Menschen kann hart wie Stein sein. So hart, dass viele nur an sich selbst denken. Einige essen zu viel, und andere haben nichts.

Weißt du, was die größte Verwandlung ist? Wenn ein Herz aus Stein zu einem Herzen wird, das an andere denkt.

Da führte das Böse Jesus zum großen Tempel in Jerusalem.

„Du kannst ein Messias werden, den alle Menschen bewundern, wenn du dich von der höchsten Mauer hier herabstürzt“, sagte er. „Stell dir dieses unglaubliche Schauspiel vor! Es steht doch sogar in den alten Schriften, dass Gott dich bewahren wird und du dir den Fuß an keinem Stein stößt.“

„Das werde ich nicht tun, das ist zu wenig“, sagte Jesus. „Ich bin nicht gekommen, um den Menschen mit irgendwel-

chen Kunststücken zu imponieren. Gott ist viel größer als das. In den alten Schriften steht auch: Du sollst Gott nicht herausfordern. Das bedeutet, dass wir nicht absichtlich dumme Sachen machen sollen, nur um von Gott gerettet zu werden."

Schließlich führte das Böse Jesus auf einen hohen Berg.

„Hier siehst du die ganze Welt", sagte die Stimme. „Wenn du niederfällst und mich anbetest, werde ich dir Macht über alle Länder und die ganze Welt geben."

„Das werde ich nicht tun", sagte Jesus. „Das ist zu wenig. Es gibt nur einen, der die Macht über die ganze Welt hat, und das ist Gott. Aber Gott kommt nicht mit Gewalt und Waffen. Er will bei den Verlassenen sein, die sich nicht selbst schützen können. Gottes Macht ist die Liebe. Das ist die einzige Macht, die es wert ist, sie anzubeten. Geh deinen Weg!"

Und die böse Stimme schwieg.

Ich bringe Freude, sagt Jesus

Jesus verließ die Wüste und kehrte heim nach Nazaret. Es war der Ruhetag, Sabbat genannt, und alle versammelten sich in der Synagoge, um aus der Tora und den Büchern der Propheten zu lesen – aus den alten Schriften. Einer der Männer bat Jesus, etwas für die anderen vorzulesen.

Jesus trat vor und las aus dem Buch des Propheten Jesaja:

„Gottes Geist ruht auf mir, denn er hat mich ausgewählt. Ich bringe Freude für die Armen! Ich bringe Freiheit für die Gefangenen! Jetzt beginnt eine ganz neue Zeit, ein Gnadenjahr von unserem Gott!"

Dann blickte er sie alle an und sagte:

„Ab heute sind das nicht nur Worte. Es geschieht wirklich, direkt vor euren Augen."

„Von ihm geht etwas Besonderes aus", sagten einige.

Andere waren sehr empört und sagten:

„Er muss bestraft werden! Was glaubt er wohl, wer er ist?"

Jesus erhob sich und ging hinaus, ohne noch etwas zu sagen.

An diesem Tag begann Jesus mit einer Wanderung zu den Städten und Dörfern im ganzen Land. Wohin er auch kam,

sprach er von derselben Sache:

„Es kommt eine neue Zeit! Gottes Reich ist nahe! Kehrt um und nehmt die frohe Botschaft an! Gottes Reich ist nicht wie ein Land mit Grenzen und Mauern. Es ist groß wie der Himmel, obwohl es ganz nahe ist. Gottes Reich ist mitten unter uns, wenn wir in der Liebe Gottes zusammenleben. Lasst euch einladen ins Himmelreich! Das ist wie ein Fest, bei dem alle willkommen sind."

„Das verstehen wir nicht", sagten die, die ihm zuhörten. „Ein Fest? Du musst uns mehr erzählen."

Jesus begann, einige Menschen um sich zu sammeln, die ihn auf seinen Wanderungen begleiteten. Er brauchte Helfer, die weiteren Menschen von der neuen Zeit erzählen konnten und von dem Fest in Gottes Reich, zu dem alle eingeladen sind.

Eines Morgens noch ganz früh waren zwei Brüder mit ihren Netzen und Fischerbooten beschäftigt. Das war in Galiläa am Ufer eines Sees, der hieß Gennesaret. Die Namen der Brüder waren Petrus und Andreas. Sie waren tüchtige Fischer, die es gewohnt waren, bei jedem Wetter draußen zu sein. Jesus kam an den Strand und stellte sich zu Petrus und Andreas. Er sah sie an und sagte:

„Folgt mir!"

Sie hatten seit vielen Jahren als Fischer gearbeitet. Aber als Jesus kam, ließen sie ihre Netze und Fischerboote liegen. Sie entschieden sich, Jesus zu folgen.

„Von jetzt an sollt ihr Menschenfischer sein", sagte Jesus.

Dann kam Jesus an einen Ort, an dem man Zoll bezahlen musste, wenn man in die Stadt kommen wollte. Dort saß Matthäus und kassierte das Geld.

Die einfachen Menschen dort mochten ihn nicht. Er arbeitete ja für die verhassten römischen Soldaten. Und manchmal verlangte er mehr Geld, das er in seine eigene Tasche steckte.

Jesus ging auf Matthäus zu und sagte:

„Folge mir!"

Da ließ Matthäus alles Geld liegen, das er einkassiert hatte. Es lag noch offen auf dem Tisch, als er aufstand und Jesus folgte.

Die Menschen, die Jesus folgten, wurden Jünger oder auch Schüler genannt, weil sie Jesus zuhörten, wenn er vom Himmelreich sprach und erzählte, wie man darin lebt. Von ihnen wählte er zwölf besonders aus. Aber auch viele andere zogen mit ihm umher, Männer und Frauen.

Lasst alle Kinder zu mir herkommen, sagt Jesus

Eines Tages kam Jesus in ein Dorf, wo die Kinder herumrannten und spielten. Sie liefen zu ihm, und ihre Mütter trugen die Kleinsten, die noch nicht selbst laufen konnten. Alle wollten Jesus berühren, und es war so ein Gedränge, dass niemand vorwärtskam.

Die Begleiter von Jesus wurden ärgerlich.

„Aus dem Weg mit euch!“, riefen sie. „Hier kommt Jesus, und er ist eine wichtige Persönlichkeit. Er wird gleich von ernsten und wichtigen Dingen reden, und da kommt ihr herangestürmt und stört! Kinder verstehen sowieso nichts!“

Doch da wurde Jesus ärgerlich. Die Jünger wichen einige Schritte zurück, als er die Stimme erhob und sagte:

„Lasst alle Kinder zu mir kommen und versucht nicht, sie daran zu hindern! Gottes Reich gehört ihnen, und die neue Zeit ist ihre Zeit.“

Er nahm eines der Kinder und stellte es mitten zwischen die Erwachsenen.

„Seht her, sagte er. So sollt ihr sein. Wenn ihr nicht so werdet wie dieses Kind, könnt ihr niemals in das Himmelreich kommen.“

So etwas hatte noch nie jemand gesagt.

Die Menschen, die um Jesus herumstanden, wurden still.

Alle blickten auf das Kind.

„Schaut genau“, sagte Jesus. „Und seht zu, dass ihr keines dieser Kleinen verachtet. Sie sind so wichtig. Ich sage euch, dass jedes von ihnen einen Engel hat, der vor Gottes Angesicht berichtet, wie es diesem Kind geht. Wenn jemand einem Kind etwas Böses antut, dann wäre es das Beste, ihm einen Mühlstein um den Hals zu hängen und ihn im tiefen Meer zu versenken.“

Dann sagte er:

„Wer ein Kind annimmt, der nimmt mich an.“

Jetzt wurde es noch stiller unter den Zuhörern.

Noch nie hatte jemand gesagt, dass Kinder so wichtig sind.

Als Jesus seinen Weg fortsetzte, begannen die Erwachsenen darüber zu reden, was Jesus gesagt hatte. Aber die Kinder liefen sofort herum und spielten wieder, so wie es Kinder fast immer tun, wenn man sie nur lässt.

Ein Junge hilft Jesus

Jesus zog weiter von Dorf zu Dorf. Immer mehr Menschen kamen zusammen, wenn er von Gottes Reich erzählte. Eines Tages waren es so viele, dass der Marktplatz für sie zu klein war. So zogen sie weiter zu einer großen Wiese außerhalb der Stadt, damit alle Platz finden konnten.

Einige von ihnen waren krank und hofften, wieder gesund zu werden, wenn Jesus ihnen die Hände auflegen würde. Es hatte sich das Gerücht verbreitet, dass schon viele von Jesus geheilt wurden.

Alle hörten zu, und Jesus hatte ihnen vieles zu sagen.

Doch irgendwann bekamen sie Hunger.

„Sie sollten jetzt gehen und sich in den umliegenden Dörfern etwas zu essen kaufen", sagte einer der Jünger.

Aber wie sollte das geschehen? Der Weg war weit, und die meisten waren schon jetzt müde.

Und es waren so viele Menschen, ungefähr fünftausend, die hier versammelt waren, um Jesus zu hören.

„Wie viel Essen haben wir, das wir austeilen können?", fragte Jesus die Jünger.

„Nur fünf Brote und zwei Fische, die ein Junge dabeihat", sagten sie und seufzten. „Das ist ja gar nichts!"

„Sagt das nicht", antwortete Jesus. „Wo ist der Junge? Lasst ihn herkommen!"

Der Junge kam nach vorn und überreichte ihm das Brot und die Fische.

Jesus nahm es und hob es hoch.

„Danke!“, sagte er laut.

Dann betete er so, wie es die Menschen überall im ganzen Land vor dem Essen tun:

„Gepriesen bist du, Gott, der du Getreide aus der Erde wachsen lässt und den Menschen Brot gibst. Du öffnest deine Hand und sättigst voller Gnade alles, was lebt.“

Dann sagte Jesus den Jüngern, sie sollten helfen, das Brot und die Fische auszuteilen und zu den Menschen zu bringen.

Sie teilten – und teilten – und teilten – und nach mehreren Stunden aßen immer noch etliche und wischten sich den Mund ab und schüttelten die Krümel von der Kleidung und spuckten die Gräten aus.

Alle wurden satt. Es blieb sogar noch eine Menge Essen übrig, zwölf gefüllte Körbe mit Brot und Fisch.

Niemand verstand, wie das geschehen konnte, aber niemand konnte danach den Jungen vergessen und die Gaben, die Jesus von ihm entgegennahm.

Jaïrus' Tochter wird gesund

Es war ein Tag, den Jaïrus niemals vergessen sollte. Er war Vorsteher der Synagoge im Dorf. Eine Synagoge war ja nicht irgendein Haus. Dort versammelten sich die Menschen, um zu Gott zu beten und zuzuhören, wenn jemand aus den Schriften vorlas. Deshalb war Jaïrus eine wichtige Person, sah sicherlich ernst und würdevoll aus und schritt vornehm durch die Straßen.

Aber an diesem Tag schritt Jaïrus nicht, ganz und gar nicht. Er rannte. Er hob den langen Mantel an und stolperte, als er über die Pfützen auf dem Weg sprang und sich zwischen die Menschen drängte, die um Jesus versammelt waren.

Jesus war gerade ins Dorf gekommen.

„Du musst mir helfen!“, rief Jaïrus.

Er war heiser und völlig außer Atem.

„Jesus, du musst zu mir nach Hause kommen, bevor meine kleine Tochter stirbt! Sie stirbt! Du musst sofort kommen!“

Jaïrus’ Tochter war schon lange krank, aber jetzt ging es ihr so schlecht, dass sie sich nicht mehr bewegen und nicht mehr reden konnte. Sie glitt langsam in einen tiefen Dämmerschlaf, und alle, die um ihr Bett herum standen, hatten bereits die Hoffnung aufgegeben, dass sie noch einmal gesund werden würde.

Ihre Eltern hatten in den vergangenen Nächten nicht geschlafen. Sie hatten geweint, bis ihre Tränen versiegten.

„Bleib ruhig!“, sagte Jesus. „Das Mädchen ist nicht tot, es schläft.“

Jaïrus schüttelte den Kopf.

Jesus versteht nicht, wie ernst die Sache ist, dachte er.

Er musste Jesus fast zwingen, ihm in sein Haus zu folgen, wo seine Tochter lag.

Vor dem Haus standen die Klagefrauen. Das waren Frauen, die gerufen wurden, wenn jemand gestorben war. Sie sollten laut weinen und klagen, damit alle hören konnten, dass etwas schrecklich Trauriges passiert war.

„Sag ihnen, dass sie aufhören sollen zu klagen! Schick sie heim!“, sagte Jesus.

Jaïrus Familie flüsterte untereinander:

„Aber das Mädchen ist doch tot! Versteht er denn gar nichts?“

Drinnen im Haus war es dunkel und still. Das Mädchen lag auf einem Bett, und es war klein und ganz bleich. Es atmete nicht, und seine Augen waren geschlossen. Jesus trat zu ihm und streckte seine Hand aus.

„Talita kum!“, sagte er mit starker Stimme.

Das bedeutet: Kleines Mädchen, steh auf!

Da schlug das Mädchen die Augen auf, ergriff seine Hand und erhob sich aus dem Bett.

Als sie auf dem Boden stand, sahen alle, dass sie gesund und lebendig war. Es war ein Wunder! Alle blickten Jesus an. Bestimmt würde er jetzt etwas Schönes und Feierliches sagen.

Aber Jesus sagte nur:

„Gebt ihr etwas zu essen!“

„Talita kum“ ist aramäisch. Das ist eine Sprache, die heute kaum noch jemand spricht. Aber diese zwei Worte haben bis heute überlebt. Als Erinnerung an den Tag, an dem Jaïrus’ Tochter ihr Leben zurückbekam. Ein Tag, den Jaïrus niemals vergessen sollte.

Ein Blinder kann plötzlich sehen

Es war Frühling in Galiläa, dem Gebiet, in dem Jesus aufgewachsen war. Die Berge fielen steil ab zum See Gennesaret, und an den Ufern lagen Dörfer und die eine oder andere Stadt.

Es wurde langsam Abend, und die Strahlen der untergehenden Sonne färbten die Berge rot. Jesus und seine Jünger beeilten sich, noch rechtzeitig vor der Dunkelheit in ein Dorf zu kommen, um einen Platz zum Schlafen zu finden.

Da kamen ihnen drei Menschen entgegen: eine alte Mutter und ein alter Vater und zwischen ihnen ein Mann, das war ihr Sohn. Er brauchte ihre Hilfe beim Gehen.

„Er ist blind", sagte sein Vater. „Er ist blind von Geburt an."

Einige von denen, die Jesus begleiteten, gingen ein Stück zur Seite:

„Das kann keine gute Familie sein", sagte einer von ihnen. „Ein Elternteil muss etwas ganz Böses getan haben. Weshalb sonst sollte Gott sie strafen und ihr Kind blind machen? Wer von den beiden kann das sein?"

Damals glaubten viele, dass Gott manchmal Menschen mit einer Krankheit oder einem Unglück straft, weil sie etwas Böses getan haben. Die Strafe konnte auch ihre Kinder treffen.

Jesus wandte sich um und sagte zu ihnen:

„Sie haben nichts Böses getan. Wir sind ihnen nur deshalb hier begegnet, damit wir erleben, was Gott ihnen Gutes tut."

Dann streckte er seine Hand aus und berührte die Augen des Mannes. Und plötzlich konnte der Mann sehen!

Das Erste, was er in seinem Leben sah, war Jesus.

Aber Jesus wanderte mit seinen erstaunten Freunden weiter ins Dorf hinein.

Die Leute stürzten aus allen Richtungen herbei, um den Mann zu sehen, dem sein Augenlicht geschenkt worden war.

Einige der Schriftgelehrten, die die alten Schriften lasen und den anderen Menschen erklärten, was die Texte bedeuteten, tauchten auch auf. Sie wollten alle wissen, wie das passiert war.

Wenn der Messias kommt, wird eine ganz neue Zeit beginnen, so hatten die Propheten in den alten Schriften geschrieben. Er wird den Niedergedrückten helfen, sich aufzurichten, er wird den Armen Freude bringen, und er wird die Kranken heilen, so stand es geschrieben.

Die Schriftgelehrten hatten Angst davor, dass das Volk glauben könnte, Jesus sei der Messias. In dem Fall würde es womöglich in ihrem Land einen Aufstand geben.

Da kann schließlich jeder kommen und sagen: „Ich bin der, von dem die Propheten sprechen!“ Das muss doch nicht die Wahrheit sein!

Deshalb gingen die Schriftgelehrten streng gegen alle vor, die über den Messias sprachen.

„Wer war das? Wer hat ihn geheilt?“, fragten sie seine Mutter und seinen Vater.

Die bekamen Angst und sagten:

„Fragt ihn doch, er ist alt genug, für sich selbst zu sprechen.“

„Wer hat dich geheilt?“, fragten die Schriftgelehrten.

„Ich weiß es nicht“, antwortete der Mann.

„Wie lief das ab? Was hat er gesagt? Wer war es? Was hat er getan?“

„Ich habe keine Ahnung“, sagte der Mann. „Ich weiß nur eins: Vorher war ich blind, und jetzt kann ich sehen. Das ist doch das Wichtigste.“

„Aber jetzt erzähle uns alles von Anfang an“, sagten die Schriftgelehrten. „Wer war es? Glaubst du, dass er der Messias ist?“

„Das weiß ich nicht“, sagte der Mann. „Warum fragt ihr so viel? Ich war blind, und jetzt kann ich sehen. Das ist alles. Warum interessiert euch dieser Mann so sehr? Wollt ihr etwa auch seine Jünger werden und ihm folgen?“

Da wurden sie ärgerlich und gingen fort.

Keiner von ihnen schien sich darüber zu freuen, dass der blinde Mann jetzt sehen konnte.

Aber der blieb stehen und sah zum ersten Mal in seinem Leben einen Sonnenuntergang.

Gott ist wie eine Wasserquelle, sagt Jesus

In den Gegenden, in denen Jesus umherzog, begann der Tag meistens mit dem ersten Gesang der Vögel, noch bevor es draußen hell war. Die Menschen und Haustiere schliefen und dösten im Haus. Die Tiere schliefen auf dem Boden, und die Menschen lagen etwas erhöht auf Matratzen.

Aber wenn ein Hahn nach dem anderen zu krähen begann, hielt es die Menschen nicht länger auf ihren Matratzen.

Einer nach dem anderen im Dorf klappte die Fensterläden auf oder öffnete die Tür, um einen Augenblick auf der Schwelle zu stehen und die Morgenluft zu spüren, bevor es hinausging zum Brunnen, um Wasser zu holen. Am Brunnen trafen sich die Frauen des Dorfes und nahmen sich etwas Zeit, um miteinander zu reden.

Auch die Kamele wachten auf. Sie räusperten sich und gaben einige grässliche Laute von sich, als hätten sie etwas Verdorbenes gefressen. Aber so hören sich Kamele eben an.

Die Esel schrien laut *iah! iah!*, dass es von den Bergen widerhallte, und die Kinder riefen und lachten, als sie miteinander die Dorfstraße hinunterjagten.

Einige Katzen gähnten auf den Türschwellen, und eine Schar Ziegen mit langen, hängenden Ohren, die im Wind hin und her schaukelten, meckerte erstaunt, als einige Fremde vorbeigingen.

Diese Fremden, das waren Jesus und seine Jünger, und sie besuchten heute ein Dorf, das außerhalb ihres eigenen Landes lag.

Die Menschen hier wurden Samariter genannt, und ihr Land hieß Samarien.

Das Volk, zu dem Jesus gehörte, wurde das Volk der Juden genannt.

Juden und Samariter mochten sich nicht. Die Juden glaubten zum Beispiel, dass die Samariter keine guten Menschen waren, weil sie nicht auf die richtige Art und Weise an Gott glaubten. Deshalb wollten sie nichts mit ihnen zu tun haben. Etliche von denen, die Jesus begleiteten, hielten es für eine sonderbare Idee, ein samaritisches Dorf zu besuchen. Aber sie sagten nichts.

Die Sonne stieg höher und es wurde immer wärmer. Als Jesus und seine Freunde schließlich ankamen, war es schon mitten am Tag, und sie hatten Hunger und Durst.

Jesus setzte sich an einen Brunnen außerhalb des Dorfes, um sich auszuruhen, während die anderen ins Dorf gingen, um Essen zu besorgen. Zu dieser Tageszeit ging normalerweise niemand hinaus, um Wasser zu holen. Es war viel zu heiß.

Aber als Jesus dort saß, kam eine Frau mit einem Wasserkrug näher. Es sah aus, als wollte sie absichtlich allein sein beim Wasserholen.

Sie blieb stehen, als sie Jesus erblickte.

Er sah sie an und sagte:

„Kannst du mir etwas Wasser aus dem Brunnen geben?"

Es war nicht üblich, dass Juden mit Samaritern sprachen. Und Männer redeten nicht mit Frauen, die sie nicht kannten. Deshalb war die Frau sehr erstaunt.

„Warum bittest du mich um Wasser?", fragte sie.

„Wenn du wüsstest, was Gott geben kann und wer es ist, der gerade mit dir spricht, dann würdest du mich stattdessen bitten, und ich würde dir eine Quelle mit fließendem Wasser geben, damit du niemals wieder durstig bist", antwortete Jesus.

Nun war die Frau noch erstaunter.

„Das verstehe ich nicht. Du hast doch gar kein Gefäß, um Wasser zu schöpfen, und der Brunnen ist tief. Aber wenn es Wasser gibt, bei dem man nie wieder durstig ist, dann möchte ich das wirklich haben."

„Geh und hole deinen Mann!", sagte Jesus.

Da wurde die Frau traurig. Sie hatte ein schweres Leben gehabt und war mit mehreren Männern zusammen gewesen, die sie alle wieder verlassen hatten. Sie hatte Dinge getan, die andere für falsch hielten, und vielleicht hatten die sogar recht.

Aber niemand wollte ihr helfen und keiner redete mit ihr, um herauszufinden, was denn eigentlich geschehen war.

Stattdessen sprachen die Menschen im Dorf schlecht über sie. Und wenn sie kam, wurde sie nicht gegrüßt. Niemand wollte etwas mit ihr zu tun haben.

Schließlich schämte sie sich immer mehr. Sie gehörte nicht zu den anderen im Dorf, das hatte sie erfahren müssen.

Darum wollte sie die anderen Frauen nicht morgens am Brunnen treffen, sondern ging mitten am Tag dorthin, wenn niemand sonst dort war.

„Ich habe keinen Mann", sagte sie.

„Nein, ich weiß", sagte Jesus. „Du hast schon fünf Männer gehabt, und der, mit dem du jetzt zusammenlebst, ist nicht dein Mann."

„Woher weißt du das?," fragte die Frau. „Bist du ein Prophet, der den Menschen in die Herzen sehen kann?"

Sie wusste, dass er Jude war, und so nahm sie die Gelegenheit wahr, ihm eine Frage zu stellen, die sie schon lange beschäftigte:

„Ihr Juden sagt, dass man in Jerusalem beten soll, aber wir Samariter beten hier auf unserem Berg", sagte sie. „Was ist der richtige Platz zum Beten?"

„Weder hier noch dort", sagte Jesus. „Gott sucht Menschen, die zu ihm aus der Tiefe ihres Herzens beten. Gott ist wie eine Wasserquelle tief in dir, eine Quelle, die niemals austrocknet. Wenn man aus der Tiefe seines Herzens betet, dann ist es völlig egal, wo man betet."

„Ich habe gehört, dass der Messias kommen soll", sagte die Frau und sah Jesus forschend an. „Und wenn er kommt, so habe ich gehört, wird er uns alles über Gott zeigen und lehren. Er wird zu uns reden …"

Jesus sah ihr direkt in die Augen.

Er sah sie an, als wäre sie eine besonders wichtige Person. Er sah sie so an, dass sie fühlte: Ich bin ein richtiger Mensch. Ein Mensch, der ein Recht darauf hat, da zu sein und bei den anderen zu sein.

Dann sagte er:

„ICH BIN spricht gerade zu dir."

Er sagte ICH BIN – das war einer der Namen Gottes!

Die Frau vergaß alles, was sie eigentlich tun wollte. Sie erhob sich ganz schnell und lief zurück ins Dorf. Sie vergaß sogar ihren Wasserkrug am Brunnen.

Jetzt hatte sie keine Angst mehr vor den anderen im Dorf, und es machte ihr nichts mehr aus, was die anderen über sie gesagt hatten.

Sie ging von Haus zu Haus und rief:

„Ich habe den Messias getroffen! Er ist hier! Er hat gesagt, dass wir tief in uns eine Wasserquelle finden können!"

Die Jünger kamen genau in dem Augenblick zurück, als die Frau ging, und sie waren sehr erstaunt darüber, dass Jesus mit einer Frau gesprochen hatte, ja, sogar mit einer Samariterin.

Sie fragten sich mehr und mehr, was es mit Jesus auf sich hat und wer er eigentlich ist.

Er ist so anders.

Er sieht in die Augen der Menschen – sieht auch die, mit denen niemand etwas zu tun haben will – und ihr Leben verändert sich.

Kranke werden gesund. Arme bekommen Brot. Die Einsamen finden neue Freunde.

Menschen, die nur an sich selbst gedacht und andere betrogen haben, ändern sich und geben alles zurück, was sie sich angeeignet haben.

Und Jesus sagt, dass Kinder wichtige Menschen sind!

Ist er vielleicht der Messias? Zeigt sich Gott, der Unsichtbare, in ihm, in Jesus? Kommt das Himmelreich schon in die einfachen Dörfer zu Besuch?

Die Leute kamen aus dem Dorf und luden Jesus zu sich ein, weil die Frau über ihn berichtet hatte.

Etliche von ihnen glaubten, dass er der Messias war.

Und noch etwas Wunderbares geschah: Alle wollten hören, was sie zu erzählen hatte – sie, mit der bisher niemand reden wollte.

Gott ist wie ein Bauer, sagt Jesus

Jesus nahm seine Jünger immer wieder mit zu neuen Orten, und jeden Abend am Lagerfeuer erzählte er ihnen und allen, die zuhören wollten, von Gottes Reich. Als er klein war, hatte er selbst jeden Abend zugehört, wenn erzählt wurde.

Der Mond stieg über dem Dach eines Hauses auf. Die Katzen schlichen hinaus auf die umliegenden Felder, um in der Abenddämmerung zu jagen. Der Duft von einem blühenden Jasminbusch, der nah am Haus stand, wehte herüber.

Die Alten machten es sich nahe am Feuer gemütlich. Sie hatten sich Wolldecken umgelegt, um nicht zu frieren. Die

kleinen Kinder krabbelten bei ihnen herum und schliefen ein, als es dunkel wurde. Die Erwachsenen kamen von der Arbeit, atmeten erleichtert durch und füllten ihre Becher mit Wasser und Wein, während Jesus erzählte. Eine Schale mit Nüssen und Früchten kreiste herum – die Menschen am Feuer aßen getrocknete Früchte, so wie wir Süßigkeiten naschen.

So sagte Jesus:

Ihr seht, wie Gottes Reich wächst.

Jetzt ist es noch ein kleiner Samen – wie ein Senfkorn oder ein Weizenkorn. Wenn man ein Senfkorn in die Erde legt, wächst es empor und wird ein großer Baum mit Ästen und Zweigen, in dem die Vögel wohnen können. So viel Kraft steckt in dem kleinen Senfkorn!

Genauso ist es mit dem Weizenkorn. Wenn man es in der Hand hält, macht es keinen großen Eindruck. Es ist nur klein und hart und ganz allein. Aber wenn es auf die Erde fällt und zu keimen beginnt, wird es zuerst ein Halm und dann eine Ähre, voll mit reifem Weizen, und man kann ihn ernten, trocknen und mahlen und damit Brot backen. Es muss in die Erde und sterben, damit aus ihm neues Leben wachsen kann.

Gott ist wie ein Bauer.

Er hat sich teure, gute Weizenkörner besorgt, um sie auszusäen. Dann streute er das Saatgut überall aus.

Einiges fällt unter die Dornbüsche, wo es zwischen dem Unkraut erstickt. Oder auf Felsen, wo nichts wachsen kann, weil er zu hart ist. Oder auf eine Fläche, wo alles nach kurzer Zeit vertrocknet.

Manches fällt auf den besten Boden, und dort ergibt es eine große Ernte.

Gott ist dabei sehr verschwenderisch, weil er hofft, dass auf jeden Fall einige Samenkörner Wurzeln schlagen.

Gottes Reich beginnt zu wachsen, sobald jemand darin leben will und hört, was Gott zu sagen hat.

Aber es wächst nicht mit Donner und Lärm. Wie beim Weizen dauert es seine Zeit.

Wenn ein Bauer seinen Weizen ausgesät hat, geht er wieder nach Hause und macht etwas anderes. Er arbeitet und isst, und inzwischen wächst der Weizen, ohne dass man einen Laut hört. Er wächst sogar nachts, wenn der Bauer schläft.

So ist es auch mit dem Reich Gottes. Es kommt nicht mit Trompeten und Waffengerassel. Es wächst von allein, wenn die Menschen dafür Platz machen.

Und damit sie wirklich verstanden, erzählte Jesus weiter:

Einmal wollte eine Frau ein Brot backen. Sie hatte eine große Menge Teig und ganz wenig Sauerteig. Sie nahm das bisschen

Sauerteig und tat es in den großen Teig. Der Sauerteig verteilte sich und ließ alles aufgehen, sodass der große Teig doppelt so groß wurde wie vorher.

So wächst Gottes Reich. Zu Beginn ist es gar nicht groß. Es macht nicht viel Aufhebens von sich. Aber es hat eine große Kraft in sich, eine Kraft, die Sachen und Dinge von innen her verändert.

Ihr seid nicht viele und nicht stark und mächtig, ihr seid wie eine kleine Herde Schafe unter den Wölfen. Aber habt keine Angst! Gott will euch das Himmelreich geben, und er will, dass alle dabei sind.

„Versteht ihr, was ich sage?“, fragte Jesus dann.

„Manchmal“, sagten die Jünger. „Du erzählst so vieles. Du gibst uns so viel Stoff zum Nachdenken. Einige glauben, dass du der Messias bist. Andere sagen, dass du gefährlich bist und nicht das tust, was die Schriftgelehrten sagen. Und du feierst mit Menschen, die nicht die Gebote erfüllen. Du … du sprichst mit Samaritern und Römern und fremden Frauen. Du isst und sprichst und gibst dich ab mit Menschen, die Böses getan haben oder die krank sind – mit solchen Menschen, die vielleicht von Gott für ihre bösen Taten bestraft wurden.“

„Und viele wurden geheilt, nicht wahr?“, sagte Jesus. „Brauchen nicht die einen Arzt oder einen Helfer, die krank sind oder leiden? Ich bin nicht für die Gesunden gekommen, sondern für die Kranken. Es spielt keine Rolle, ob jemand ein Fremder ist oder ein Feind, ob er reich oder mächtig ist. Es ist egal, ob jemand einsam ist oder ob niemand etwas mit ihm zu tun haben will. Es ist egal, ob jemand groß oder klein ist. Alle, die Sehnsucht danach haben, sind in Gottes Reich willkommen. Und es wird der Tag kommen, an dem der Kleinste der Größte und der Letzte der Erste sein wird. Dann wird das Fest beginnen.“

Gott ist wie ein lieber Vater, sagt Jesus

Eines Abends saß Jesus am Lagerfeuer, und viele setzten sich dazu, um etwas zu essen und zuzuhören, was Jesus zu erzählen hatte.

„Jetzt hört zu", sagte Jesus.

Und dann erzählte er:

Es waren einmal zwei Brüder. Sie wuchsen auf dem Gut ihres Vaters auf und hatten es gut.

Aber der jüngere der beiden wollte in die Welt hinaus. Er ging zu seinem Vater und sagte:

„Papa, gib mir mein Erbe schon im Voraus. Zahle es mir aus, damit ich hinausziehen kann und etwas anderes sehe als das hier!"

Schon am nächsten Morgen zog er los mit den Taschen voller Geld.

Was für eine Freiheit!

Er sah neue Städte und hatte bald viele neue Freunde. Tag und Nacht feierte er mit ihnen.

Doch es dauerte nicht lange und seine Taschen waren leer. Das Geld war restlos alle.

Und plötzlich waren alle verschwunden, die er noch eben für seine Freunde gehalten hatte.

Da suchte er Arbeit auf einem Hof, wo ihn niemand kannte, und obwohl ihm nur die schmutzigste Arbeit angeboten wurde, nahm er sie an.

Bisher hatte er in teuren Hotels gewohnt, aber jetzt schlief er im Stroh zwischen den Schweinen. Er bekam keinen Lohn für die Arbeit, und nach einiger Zeit blickte er voller Neid auf das Futter der Schweine.

Eines Morgens wachte er auf und sah sich um.

„Das bin ja gar nicht mehr ich“, sagte er zu sich selbst.

Die Schweine blickten kurz auf, dann wühlten sie weiter nach Essensresten im Schweinestall.

„Nein, das bin nicht mehr ich!“

Er schaute hinunter auf seine schmutzige Kleidung.

„Zu Hause auf dem Hof ist mein Papa, und ich bin doch sein Sohn und kein Schweinehirt. Ich habe einen Bruder, und … der geringste Knecht auf dem Hof zu Hause hat es besser als ich. Wie konnte ich mein Leben nur so vergeuden? Ich will nach Hause!“

Er stand auf und wischte sich den schlimmsten Schmutz ab.

Und dann begann seine lange Wanderung nach Hause.

Er schämte sich und war voller Reue. Was würden sie zu Hause sagen? Vielleicht würde sein Vater nichts mehr von ihm wissen wollen? Unterwegs überlegte er, was er bei seiner Heimkehr sagen sollte:

„Papa, verzeih mir, ich bin nicht mehr wert, dein Sohn zu sein. Aber lass mich sein wie einer deiner geringsten Knechte auf dem Hof, denn ich will bei dir sein.“

Immer wieder übte er die Worte auf dem Heimweg ein, um sie ja nicht zu vergessen.

Schließlich kam er an die letzte Wegbiegung vor dem Vaterhaus. Sein Herz klopfte vor Angst und Freude.

Schon sah er das Haus dort hinten.

Jemand stand auf der Treppe! Wer konnte das sein?

Es war sein Vater, der dort stand und Ausschau hielt. Als er seinen Sohn auf dem Weg erkannte, lief er aus dem Haus und eilte ihm entgegen. Er schloss seinen Sohn in die Arme und rief so laut, dass es alle hören konnten:

„Er ist zurückgekommen! Er war verloren, aber nun ist er wiedergefunden!“

„Papa, ich bin es nicht wert …“

Aber sein Vater unterbrach ihn.

„Mein Sohn! Mein Sohn ist wieder da! Jetzt wollen wir nicht mehr daran denken, was geschehen ist. Jetzt feiern wir ein Fest! Wir essen den besten Kalbsbraten! Du bekommst einen neuen Mantel und neue Schuhe und einen schönen Ring! Hörst du die Musik? Sie haben drinnen schon zu spielen begonnen, um dich willkommen zu heißen!“

Die Musik war schon von Weitem zu hören.

Sein älterer Bruder hörte es und kam von der Arbeit auf dem Acker nach Hause. Als er erfuhr, was geschehen war, verdunkelte sich sein Gesicht vor Wut, und er wollte nicht hineingehen.

„Hier auf Papas Hof habe ich geschuftet und mich mein ganzes Leben lang abgerackert, sagte er. Ich habe mich immer angestrengt und alle Aufgaben erledigt. Und ich habe nicht einmal ein Zicklein bekommen, um mit meinen Freunden zu essen und zu feiern. Aber wenn mein kleiner Bruder nach Hause kommt, nachdem er sein ganzes Erbe verjubelt hat, feiert Papa ein Fest für die ganze Gegend!"

Sein Vater hörte sich alles an.

„Du lebst so viele Jahre mit mir, mein Sohn, und weißt nicht, wer ich bin?", fragte der Vater verwundert.

„Hattest du den Eindruck, dass ich geizig und hart bin? Weißt du nicht, dass alles, was meins ist, auch deins ist? Du hättest die ganze Zeit haben können, was du wolltest, wenn du mich gefragt hättest. Sag nur Bescheid! Aber jetzt lass uns zusammen feiern. Mein Sohn war verloren, aber wir haben ihn zurückbekommen. Das ist mehr alles andere."

„Genau darum geht es mir", sagte Jesus zuletzt. „Ich bin hier, um die Verlorenen zu suchen und denen, die sich verirrt haben, den Weg zu zeigen."

Es blieb eine Weile sehr still, als er aufgehört hatte zu erzählen. Das Lagerfeuer war in sich zusammengefallen, man sah nur noch ein bisschen Glut.

„Wenn Gott wie dieser Vater ist, dann will ich lernen, mit Gott zu sprechen", sagte einer der Jünger.

„So sollt ihr beten", sagte Jesus:

Unser Vater im Himmel.
Geheiligt werde dein Name.
Dein Reich komme.
Dein Wille geschehe, wie im Himmel so auf Erden.
Unser tägliches Brot gib uns heute.
Und vergib uns unsere Schuld,
wie auch wir vergeben unseren Schuldigern.
Und führe uns nicht in Versuchung,
sondern erlöse uns von dem Bösen.
Denn dein ist das Reich und die Kraft
und die Herrlichkeit in Ewigkeit. Amen.

Gott hört nicht auf zu suchen, sagt Jesus

„Was sagt ihr zu dieser Geschichte?", fragte Jesus an einem anderen Abend.

Ein Hirte hatte hundert Schafe.

Eines Tages, als er Wache hielt, lief ein Schaf von der Herde weg und verirrte sich. Es blieb in einem Dornbusch hängen und kam nicht wieder los.

Als er die Schafe am Abend heimbringen wollte, entdeckte er, dass eines fehlte.

Sofort ließ er die anderen Schafe in der Wüste zwischen den Bergen zurück und machte sich in der Dunkelheit auf die Suche.

„Was für ein Verrückter!", dachten die Nachbarn. „So viele wertvolle Schafe alleinzulassen, nur um das eine zu suchen! Stellt euch nur vor, wenn in dieser Zeit ein Dieb kommt und alle anderen stiehlt!"

Als der Hirte schließlich sein Schaf fand, trug er es nach Hause. Er war so froh, dass er ein großes Fest veranstaltete, um zu feiern, dass er es wiedergefunden hatte. Alle Nachbarn wurden eingeladen.

„Wir feiern immer gern, aber richtig klug ist er nicht“, sagten die Nachbarn. „Der Hirte kann wohl nicht richtig rechnen. 99 Schafe sind doch mehr wert als eins.“

„Aber der gute Hirte rechnet anders“, sagte Jesus zu denen, die ihm zuhörten. „Für ihn ist jedes Schaf so viel wert, als wäre es sein einziges. So sehr viel bedeutet jeder Mensch für Gott.“ Und er erzählte noch eine Geschichte:

Eine Frau besaß ein schönes Schmuckstück, das sie zu ihrer Hochzeit bekommen hatte. Es bestand aus vielen Silbermünzen, die an einer Kette hingen. Jede Silbermünze hatte einen großen Wert.

Eines Tages bemerkte sie, dass sich eine der Silbermünzen gelöst hatte.

Sie wurde sehr unglücklich und stellte das ganze Haus auf den Kopf, um sie wiederzufinden.

Als sie gerade aufgeben wollte, sah sie etwas Glänzendes auf dem Fußboden.

Da lag ihre Silbermünze!

Sie war schmutzig und staubig, aber man sah auf ihr immer noch das Bild des Königs.

Sie war so froh, dass sie alle Frauen aus der Nachbarschaft zu einem Festessen einlud, um zu feiern. Obwohl es ein normaler Tag mitten in der Woche war.

„So viel bedeutet jeder Mensch für Gott", sagte Jesus. „Er geht vielleicht in dieser Welt verloren und landet am falschen Ort. Er wird vielleicht schmutzig und staubig. Egal, was geschieht, er gehört zum Himmelreich und ähnelt Gott. Er trägt sein Bild in sich. Und Gott sucht, bis er ihn wiederfindet. Das ist so wie bei dem Mann, der einen Schatz findet. Kennt ihr die Geschichte schon?"

Ein Mann war draußen und grub auf einem Acker. Es war nicht sein Grundstück, er war bei einem Bauern angestellt.

Plötzlich stieß er mit dem Spaten auf etwas Hartes.

Er grub weiter und entdeckte eine Schatzkiste!

Seine Freude war groß, aber er erzählte niemandem davon. Er vergrub den Schatz wieder und versteckte ihn dort.

Dann ging er nach Hause und begann zu rechnen. Ob er das Grundstück kaufen könnte? Was musste er von seinem Besitz verkaufen, um genug Geld zusammenzubekommen?

Er musste nachdenken.

Als er alles durchgerechnet hatte, war ihm klar: Er musste vieles von seinem Besitz verkaufen, wenn er das Grundstück mit dem Schatz kaufen wollte.

Er rechnete noch einmal, und ihm wurde klar: Das reichte nicht aus. Er musste alles verkaufen, was er besaß.

Trotzdem zweifelte er nicht. Er verkaufte seinen ganzen Besitz und kaufte dafür das Grundstück.

Der Schatz war noch da, und er grub ihn wieder aus. Dieser Schatz war den Preis wert.

„So viel ist es wert, in Gottes Reich zu sein", sagte Jesus einige Male. „Es gibt so vieles in dieser Welt, das ihr eigentlich nicht braucht, aber eins ist notwendig. Und das ist: ein Kind des himmlischen Königs zu sein."

Teil 2

Dies ist der zweite Teil der Geschichte von einem Freund vom Himmel. Er ist noch älter als der erste Teil. Er erzählt, wie alles einmal anfing. Und wie es dann weiterging. Der zweite Teil ist eine lange Geschichte, die aus lauter einzelnen Geschichten besteht.
Als Jesus und seine Freunde abends am Feuer saßen, da hörten sie diese alten Geschichten. Sie hörten, was damals geschah und was auch heute noch wichtig ist. Und sie hörten von einer großen Hoffnung: Eines Tages wird einer kommen, der alles, was falsch geworden ist, wieder richtig machen wird. Eines Tages wird ein Freund vom Himmel kommen.

Geschichten, die Jesus hörte

Wenn es Abend wurde in Nazaret oder in den anderen Dörfern, dann versammelten sich, wie schon gesagt, die Leute um jemanden, der gut erzählen konnte. Jemand zündete ein Licht an, das in der Dunkelheit leuchtete, und alle saßen bis spät abends draußen auf weichen Matten.

Es gab viele Erzählungen – einige waren unheimlich, wunderschön oder traurig. Oder lustig oder mächtig wie das Dröhnen eines Sturms.

Oft handelten sie davon, wer Gott ist. Und wie Gott alles erschaffen hat. Wie die Menschen mit Gefahren und Schwierigkeiten fertig geworden sind. Sie handelten von Gut und Böse. Wie man ein guter und kluger Mensch wird. Und davon, dass Gott niemanden allein und ohne Hilfe lässt, wenn er in Schwierigkeiten steckt.

Etliche der Geschichten fanden sich schon in den alten Schriften, andere sind erst später entstanden.

Aus allen Erzählungen wuchs auch eine große Sehnsucht: dass Gott den Messias senden und eine völlig neue Zeit beginnen wird. Eine Zeit voller Freude und Freiheit, mit Brot für die Armen und Hungrigen. Eine Zeit, in der niemand mehr krank oder einsam sein muss.

Aber die wichtigsten Erzählungen stammten aus den alten heiligen Schriften, der Tora, aus der jeden Samstag in der Synagoge vorgelesen wurde.

Jetzt wirst du einige dieser Erzählungen kennenlernen. Sie finden sich im ersten Teil der Bibel, der manchmal Altes Testament genannt wird.

Die Welt entsteht

Am Anfang von allem gab es gar nichts. Es gab nicht einmal einen Anfang.

Es gab nur Gott, aber keine Welt und keine Zeit.

Alles war dunkel und leer und still und stumm.

Aber ein Wind begann zu wehen.

Ein warmer Windhauch ging durch die Leere.

Zuerst sagte Gott nur ein Wort:

„LICHT!"

Und es wurde Licht.

Gott sah das Licht an.

Es war schön. Es war gut.

Gott trennte das Licht von der Dunkelheit.

Gott nannte das Licht „Tag", und die Dunkelheit nannte er „Nacht".

Es wurde Abend, und dann begann ein neuer Morgen.

Das war der erste Tag.

Und Gott schuf Himmel und Wasser und trennte beides voneinander.

Das war der zweite Tag.

Am dritten Tag sammelte Gott das Wasser unter dem Himmel an einem Ort, sodass man hier und da trockene Erde sehen konnte.

Die trockene Erde nannte Gott „Land“, und das Wasser nannte er „Meer“.

Nun gab es Erdboden für Pflanzen. Und die Erde begann zu grünen: Es wuchsen Blumen, Gras und Bäume. Gott sah es an und sagte:

„Es ist gut geworden. Es ist wirklich schön!“

Wenn du einmal morgens früh bei Sonnenaufgang ein Spinnennetz mit Tautropfen gesehen hast, dann verstehst du, was Gott meinte.

Das Universum wuchs immer weiter, Sonne und Mond, Planeten und Sterne leuchteten am Himmel – in der Nacht und am Tag.

Im Meer begann es von Fischen zu wimmeln, und unter dem Himmel flogen Vögel. Auf dem Erdboden lebten ganz unterschiedliche Tiere.

Dann schuf Gott den Menschen.

Gott machte den Menschen als Mann und als Frau.

Beide zusammen sollten sie Gott ähnlich sein. Obwohl niemand Gott sehen kann, sollten die Menschen wie ein Bild von Gott hier in der Welt sein.

Sie sollten einander helfen und für alles sorgen, was auf der Erde lebt.

Gott beugte sich herab über den Mann und die Frau, hauchte ihnen seinen lebendigen Atem ein und schenkte ihnen so das Leben.

Sein Geist, sein Atem, war in ihnen lebendig. Den Mann nannte er Adam, das heißt „Mensch". Die Frau nannte er Eva, das heißt „leben" oder „Leben schenken".

Dann ruhte Gott und sagte zu den Menschen:

„Vergesst auch ihr nicht, zu ruhen! Niemand kann immer nur arbeiten. Euer erster Tag in der Welt soll mit dieser Ruhe beginnen. Ruht einen Tag in der Woche, sodass ihr Zeit habt, von mir neue Kraft zu bekommen."

Der Baum des Lebens und der Baum der Erkenntnis

ALS DIE WELT ENTSTANDEN WAR, gab es einen Baum, der „Baum des Lebens“ genannt wurde. Er wuchs in einem Garten, in dem es keinen Winter gab.

Der Garten wurde Paradiesgarten Eden genannt.

Dort wohnten Adam und Eva, als die Welt begann.

Es gab dort Regen und Sonne, und der Wind wehte durch den Garten, aber es war ein warmer Sommerwind. Der Baum im Paradiesgarten Eden verlor niemals seine Blätter, und seine Zweige wurden niemals durch Schnee niedergedrückt. Er stand mitten zwischen vier Bächen, die zwischen den Steinen und Büschen dahinflossen.

In der Erzählung wird er „Baum des Lebens“ genannt. Es gab ihn schon, als die Welt begann.

Man sagt, dass Gott selbst ihn gepflanzt habe.

Wenn man von den Früchten des Baumes isst, so hieß es, wird man sehr lebendig, sodass es nur so vor Leben sprüht.

Die Menschen im Paradiesgarten Eden hatten niemals Schnee oder Eis gesehen. Sie hatten niemals Bäume gesehen, die ihre Blätter im Herbst verlieren. Und sie hatten niemals erlebt, dass jemand stirbt.

Aber es gab noch andere Bäume in Eden. Bäume mit Zitronen und Pflaumen und Feigen. Und es gab einen Baum, der „Baum der Erkenntnis" genannt wurde.

Wenn jemand von diesem Baum isst, so hieß es, dann versteht er, dass es beides gibt, Sommer und Winter, Leben und Tod. Dass man anderen helfen kann, damit sie leben und es gut haben, oder dass man ihr Leben zerstören kann und sie krank oder arm werden oder sogar sterben.

Wenn man von seinen Früchten isst, kann man sehr vieles lernen.

Man versteht, wie alles funktioniert, und man versteht, was schön und hässlich ist, gut und böse.

Man kann Dinge entdecken, die es niemals vorher gegeben hat: ein Feuer machen, das angenehm wärmt – aber mit dem man auch Häuser und Wälder niederbrennen kann. Wagen bauen, mit denen man fahren kann – aber mit denen man auch andere überfahren kann. Flugzeuge bauen, mit denen man lange Reisen unternehmen kann – aber die auch Bomben abwerfen und Menschen töten können.

Darum wird der Baum auch „Baum der Erkenntnis von Gut und Böse" genannt. Denn mit all unseren Möglichkeiten können wir die Welt besser machen oder Leben zerstören.

„Esst vom Baum des Lebens", sagte Gott den Menschen, „damit ihr stark und klug werdet und voller Leben und Liebe seid! Das ist das Wichtigste. Später könnt ihr dann auch vom Baum der Erkenntnis essen. Aber jetzt noch nicht. Zuerst muss viel Liebe in euren Herzen sein. Ohne Liebe besteht die Gefahr, dass ihr die Erkenntnis nutzt, um besser als andere zu sein, um über sie zu bestimmen oder ihnen Böses anzutun."

Der Baum des Lebens duftete wunderbar und trug Frucht, aber die Menschen gingen daran vorbei.

Warum?

Nun, eine listige Schlange kam in den Garten und überredete sie, stattdessen vom Baum der Erkenntnis von Gut und Böse zu essen.

„Gott will nicht, dass ihr vom Baum der Erkenntnis esst", sagte die Schlange. „Wenn ihr das tut, dann seid ihr wie Gott, und das will er nicht."

Aber das war nicht die Wahrheit. Gott hatte gesagt, dass die Menschen ihm ähnlich sein sollten. Aber um zu sein wie Gott, braucht man erst Liebe und danach Erkenntnis.

Eva und Adam hatten vergessen, was Gott ihnen gesagt hatte. Stattdessen hörten sie auf die Schlange.

Sie lernten wirklich viel vom Baum der Erkenntnis.

Aber sie lernten auch das Böse: nur an sich selbst zu denken und immer der Erste oder der Größte sein zu wollen. Über alles bestimmen zu wollen und nicht auf Gott zu hören.

Der Tod kam in die Welt, als die Menschen nicht mehr auf Gott hörten, so wird in den alten Erzählungen berichtet. Und es kam das Böse in die Welt, die Sünde, die uns Dinge tun lässt, von denen wir genau wissen, dass sie nicht richtig sind.

Sie konnten nicht länger im Garten leben. So wurde der wunderbare Garten mit dem Baum des Lebens verlassen und geschlossen.

Außerhalb des Gartens war das Leben hart und anstrengend.

Aber eines Tages, so wird erzählt, soll ein Menschenkind die verschlossene Gartentür wieder öffnen.

Bis dahin wächst der Baum des Lebens weiter, und er duftet wunderbar in der Nacht. Wenn du den Duft riechst, erinnert er dich vielleicht an etwas, das dir vor langer, langer Zeit einmal vertraut war.

Noach und die große Überschwemmung

Ausserhalb des Paradiesgartens Eden ging das Leben weiter, und es gab immer mehr Menschen in der Welt.

Aus dieser Zeit, die lange zurückliegt, stammt die Erzählung von der großen Überschwemmung, die Bäume, Boote, Menschen, Häuser und Tiere verschlang, sodass alle dachten, die Welt würde für immer untergehen.

Aber das tat sie nicht. Das Wasser überflutete zwar die ganze Erde – aber einige wurden im letzten Augenblick gerettet, weil sie auf einen klugen Mann hörten. Sein Name war Noach.

Es war ein ganz normaler Tag, Noach war mit einer ganz normalen Arbeit beschäftigt. Die Sonne schien, und die Kinder spielten auf der Dorfstraße.

Da sagte Gott zu Noach:

„Du bist ein guter Mensch, auf den ich mich verlassen kann. Hör mir zu! Es passieren schreckliche Dinge auf der Erde. Es gibt Erwachsene, die ihre Kinder schlagen. Es gibt Menschen, die Tiere quälen und sogar Spaß daran haben. Wer abends die Stadt verlässt, muss Angst haben, überfallen, verletzt und beraubt zu werden. Gar nicht zu reden von den Kriegen. Und all den Waffen, die nur verkauft werden, damit

Menschen sich gegenseitig umbringen können. Und es wird immer noch schlimmer. So habe ich mir das Ganze nicht vorgestellt. Fast bereue ich, dass ich die Welt und die Menschen erschaffen habe. Es wird mit einer Katastrophe enden. Eine große Überschwemmung wird alles wegspülen, was lebt. Aber du, Noach, bekommst einen Auftrag von mir. Du sollst ein Boot bauen, eine Arche, und darin sollst du so viele wie möglich an Bord nehmen. Menschen und Tiere. Wenn die große Flutwelle kommt, segelt ihr mit dem Schiff los und werdet gerettet. Und wenn das Wasser schließlich wieder sinkt und abläuft, könnt ihr an Land gehen und noch einmal von vorn beginnen."

Ein Boot, dachte Noach. Ich muss ein riesiges Boot bauen. Und ich werde mit den Leuten sprechen, damit sie ihr Leben ändern und sich auf die Katastrophe vorbereiten.

Er besorgte Holz und begann zu bauen.

Aber die meisten wollten Noach nicht glauben.

„Warum baust du hier ein Boot, so weit weg vom Meer?", fragten die Leute und gingen vorbei. „Es ist doch viel zu trocken hier oben in den Bergen."

Sie wollten sich nicht ändern, und alle machten weiter wie bisher.

Aber bis spät in die Nacht konnte man hören, wie die Hammerschläge in der Dunkelheit unter dem Sternenhimmel widerhallten. Es war Noach, der sein Boot baute.

Seine Söhne machten sich auf die Suche nach Tieren – immer zwei einer Art, sodass sie Junge bekommen könnten –, um sie mit ins Boot zu nehmen.

Dann begann der Sturm und mit ihm kam der Regen. Es regnete Tage und Wochen. Die Flüsse und das Meer wurden überschwemmt. Als die große Flutwelle kam, wurde das Boot von den Wassermassen fortgetragen. Es trieb eine lange, lange Zeit auf dem Wasser umher.

Doch eines Tages wurde es plötzlich ganz still.

Noach und die Tiere schauten hinaus.

Endlich hatte es aufgehört zu regnen.

Er sah ein endloses Meer.

Das Boot war auf der Spitze eines Berges auf Grund gelaufen.

Langsam wurde der Himmel heller.

Die Tage vergingen und das Wasser begann abzusinken.

Eines Tages ließ Noach einen Raben hinausfliegen. Er wollte feststellen, ob es schon trockenes Land gab, damit alle das Schiff verlassen könnten.

Der Rabe kam bald zurück, und Noach verstand, dass es noch nicht so weit war.

Er wartete einige Tage, dann schickte er eine Taube hinaus. Sie war lange unterwegs, aber schließlich kam sie zurück mit einem kleinen Ölzweig im Schnabel. Der Baum muss also wieder aus dem Wasser aufgetaucht sein!

Noach wartete noch einige Zeit, und dann ließ er die Taube noch einmal hinaus. Dieses Mal kam sie nicht zurück.

Da wusste Noach, dass es wieder genug trockenes Land gab und die Taube allein zurechtkam.

Noach und alle, die an Bord waren, betraten endlich festen Grund, und das Leben konnte wieder beginnen. Am Himmel leuchtete ein großer Regenbogen von einer Küste zur anderen über einer neuen Welt.

Der höchste Turm der Welt

Nach der Überschwemmung mussten die Menschen noch einmal ganz von vorn anfangen. Doch schon bald hatten sie viele Städte gebaut.

Zu der Zeit hatten alle Menschen ihre eigene Sprache. Trotzdem konnten sie miteinander reden. Das hört sich für uns heute sonderbar an! Doch für die Menschen damals war das die natürlichste Sache der Welt.

Wenn sich zwei Fremde trafen, dann sagte der eine vielleicht „Hyvää päivää!“ und der andere antwortete „How do you do?“ – aber beide wussten sofort, dass es „Guten Tag!“ bedeutet, nickten sich zu und gingen weiter.

Eines schönen Tages versammelten sich viele Leute, um gemeinsam etwas zu bauen. Vielleicht ein großes Haus?

Die Menschen hatten sich mehr und mehr Fähigkeiten angeeignet, und inzwischen konnten sie Häuser bauen, von denen sie zur Zeit der ersten einfachen Hütten nur geträumt hatten. Es sollte jetzt ein besonders hohes und großes Gebäude werden.

Einige fragten, ob das überhaupt möglich wäre. Aber die meisten wollten es versuchen.

Viele Tage voller Schufterei lagen vor ihnen.

Schließlich war es fertig, ein stattliches Gebäude.

Doch in der Nachbarstadt waren die Menschen voller Neid.

„Wir können noch höher bauen“, sagten sie.

Gesagt, getan! Sie begannen, ein Haus zu bauen, das eher einem Turm ähnelte. In einer anderen Stadt, etwas weiter entfernt, sprach sich die Nachricht davon schnell herum. Die Menschen dort sagten:

„Ha! Das ist doch noch gar nichts! Wir können noch höher bauen."

Und so war der Wettbewerb in vollem Gang.

Bald schlossen sich Menschen aus verschiedenen Gegenden zusammen, um den höchsten Turm der Welt zu bauen.

Er sollte in der Stadt Babel entstehen.

Das war eine besonders schöne Stadt mit breiten Straßen, einem Marktplatz und stattlichen Gebäuden. Es heißt, dass es dort Gärten gab, die von den Balkonen und Terrassen herabhingen, mit herrlich duftenden Blumen.

Aber das alles reichte ihnen nicht. Jetzt hatten die Bauleute, die sich in Babel versammelt hatten, ein großes Ziel: Sie wollten einen Turm bauen, der höher war als alle anderen Türme in der ganzen Welt.

Die Menschen in der Stadt prahlten mit dem Rekordgebäude und blickten auf die anderen Städte hinab, denen es noch nicht gelungen war, so hoch zu bauen.

Jene, die sich mit dem Gebäude einen großen Namen machen wollten, lachten verächtlich über die Fremden, die sich auf die Reise machten, um den Turm zu bewundern.

„Ja, schaut nur! Was könnt ihr schon?"

Die Bauleute, die auf hohen Leitern standen, schrien sich gegenseitig zu, schneller zu arbeiten. Es war schwer zu verstehen, was der andere sagte, und immer häufiger gab es

Streit untereinander. Jeder hielt sich selbst für tüchtiger als die anderen.

Gott sah das alles. Er sah, wie die Menschen, die sich früher verstanden und einander zugehört hatten, jetzt nur noch darum kämpften, wer am besten und höchsten bauen konnte.

So geht das nicht, dachte Gott. Ich muss etwas tun, damit die Menschen sich nicht kaputtarbeiten und glauben, sie können alles. Ich muss sie zum Nachdenken bringen.

Und so kam es, dass bei Fertigstellung des Gebäudes sich die Sprachen der Menschen verwandelt hatten. Sie konnten sich nicht mehr verstehen. Sie mussten sich anstrengen und Sprachkurse besuchen, um zu lernen, was „Hyvää päivää!" und „How do you do?" bedeutet.

Denn wenn man nur an sich denkt und siegen will, kann man nicht auf die anderen hören. Dann hört sich alles wie leeres Gerede und Gebabbel an.

Wenn Menschen einander nicht verstehen können, nennt man das Sprachverwirrung. Das hört sich kalt an, als würden die Wörter zu Eis gefrieren. Übrigens hört sich der Name der Stadt Babel so ähnlich an wie das Wort Gebabbel. Aber das ist wieder eine andere Geschichte.

Abraham und Sara ziehen weg

Sara und Abraham wohnten in der Stadt Ur, ein ganzes Stück von Babel entfernt.

An diesem Morgen wachten sie früh auf.

Die Vögel draußen im Feigengarten sangen wie verrückt, und es waren Stimmen und Schritte und Geklapper draußen auf der Straße zu hören. Die Leute waren unterwegs zum Markt, um dort Zitronen und Fisch zu kaufen, Teppiche und was es sonst noch auf einem Markt gibt. Kleine Götterbilder

konnte man auch kaufen. Wenn man so ein Bild zu Hause hat, so sagten die Verkäufer, dann kommen Glück und Erfolg von ganz allein.

Aber Sara und Abraham waren nicht auf dem Weg zum Markt. Sie waren dabei, für eine lange Reise zu packen. Gott hatte ihnen gesagt, dass er ihnen ein neues Land zeigen will und sie dort zu einer großen Familie machen wird.

Als die Nachbarn die Kamele von Abraham und Sara erblickten, vollbepackt mit Zelten, Teppichen, warmer Kleidung, Verpflegung und Krügen mit Wasser, fragten sie:

„Wo wollt ihr hin?"

„Das wissen wir nicht", antwortete Sara.

„Keine Ahnung", sagte Abraham. „Aber wir machen uns auf den Weg in ein neues Land, das wir noch nie gesehen haben. Dort wird aus uns ein großes Volk werden, das auf Gott vertraut."

„Welchen Gott meint ihr?", fragten die Nachbarn.

„Nein, nicht die Götter, die man auf dem Markt kaufen kann", sagte Abraham. „Sondern Gott. Der Einzige. Der Unsichtbare, den man nicht kaufen kann. Der Gott, der schon war, bevor alles einmal anfing. Wenn es überhaupt einen Anfang gab. Gott, dessen Atem in uns allen ist und der uns das Leben gab."

„Wir verstehen gar nichts", sagten die Nachbarn. „Aber trotzdem gute Reise!"

Es wurde keine gute Reise. Sara und Abraham und ihre Tiere und alle, die für sie arbeiteten, zogen von Ort zu Ort, ohne das versprochene Land zu finden.

Die Jahre vergingen, und sie wurden alt. Noch immer hatten sie kein einziges Kind.

Aber immer noch vertrauten sie auf Gott, den Einzigen, den Unsichtbaren, den man nicht kaufen oder verkaufen kann und dessen Atem in uns allen ist.

Eines Nachts konnte Abraham nicht schlafen.

Sara und er lagen in einem Zelt auf weichen Matten und Kissen. Um sie herum schliefen Verwandte und Freunde und Knechte. Neben dem Zelt lagen die Kamele und Schafe und schliefen.

Abraham stand vorsichtig auf, um Sara nicht zu wecken. Er hob eine Zeltplane ein wenig hoch und schlüpfte hinaus. Über ihm wölbte sich der dunkle Nachthimmel. Dort oben leuchtete eine Unzahl von Sternen, die wie Schmuck funkelten.

Da hörte Abraham in seinem Innern Gottes Stimme.

Gott sagte:

„Abraham, ich habe dir ein Land versprochen, und aus dir und deinen Kindern soll ein großes Volk entstehen, ein Volk, das an mich glaubt. Was meinst du, wie viele ihr einmal werdet?“

„Ich weiß es nicht“, sagte Abraham und blickte hinunter auf den Boden.

„Schau wieder nach oben!“, sagte Gott. „Zähle die Sterne dort über dir!“

Abraham versuchte es, aber nach einer Weile sagte er:

„Das geht nicht. Das sind viel zu viele. Es gibt nicht einmal Zahlen, die dafür ausreichen würden.“

„So wird es mit meinem Versprechen geschehen“, sagte Gott. „Aus dir und Sara wird ein großes Volk werden. Ihr werdet so zahlreich sein wie die Sterne am Himmel. Durch dich und deinen Glauben werden mich Menschen in der ganzen Welt kennenlernen, mich, den Unsichtbaren, der alles erschaffen hat. Ich will für alles sorgen, was ich erschaffen habe, und ich will keinen Menschen aufgeben. Vertrau mir, Abraham!"

Das war gar nicht so leicht für Abraham. Warum sollte gerade er an einen unsichtbaren Gott glauben, den man nicht berühren und nicht kaufen oder verkaufen kann, wo doch die Welt voll mit anderen Göttern war, die viel glaubwürdiger erschienen?

Abraham ging hinein und legte sich wieder neben Sara.

Sie hatten nur ein Zelt, in dem sie wohnten. Und das Land, auf dem ihr Zelt stand, gehörte ihnen nicht. Und sie hatten noch nicht ein einziges Kind.

Aber draußen leuchtete und funkelte still der Sternenhimmel, bis die Morgendämmerung heraufzog.

Hagar wird Mutter

Es kamen neue Tage mit sengender Sonne über der Wüste und neue Nächte mit leuchtendem Sternenhimmel über dem Zelt von Sara und Abraham. Aber es kam kein Kind.

Jetzt kann ich nicht länger auf ein Kind warten, dachte Sara. Ich habe lange genug geweint. Jetzt ist es Zeit, etwas zu tun. Ich habe einen Plan!

Sie ging zu Abraham und sagte:

„Jetzt kann ich kein Kind mehr bekommen, weil ich zu alt bin. Aber ich habe eine Idee. Nimm die junge Sklavin Hagar und mache stattdessen sie zur Mutter!"

Damals war es möglich, dass eine reiche Frau eine andere ein Kind gebären ließ und das Kind dann zu sich nahm. Es zählte dann als eigenes Kind der reichen Frau.

Hagar war jung und schön. Sie kam aus Ägypten. Sie war eine Sklavin, die Sara und Abraham vom Pharao bekommen hatten. Pharao nannte man den König von Ägypten.

Niemand scherte sich darum, sie zu fragen, ob sie das wollte. Sie war wie eine Sache, die man kaufen und verkaufen und über die man bestimmen konnte.

Abraham nahm Hagar in sein Zelt und zeugte mit ihr ein Kind.

Dann geschah etwas mit Hagar. Jeden Tag, an dem sie Sara begegnete, machte sie sich ganz gerade und blickte ihr direkt in die Augen.

Bisher hatte sie nur auf den Boden geschaut. Aber jetzt, zum ersten Mal in ihrem Leben, fühlte sie sich wichtig und wertvoll.

Sara sah Hagars Augen – und sie sah, wie ihr Bauch immer größer wurde. Das machte sie traurig.

Sie wurde wütend auf Hagar, die das Kind bekommen sollte, nach dem sie sich selbst so lange gesehnt hatte.

Und eines Tages, als Hagar sie wieder anblickte, schlug Sara die Schwangere.

Sklaven waren es gewohnt, geschlagen zu werden. Aber jetzt hatte sich etwas im Leben von Hagar geändert. Das Kind in ihrem Bauch machte sie mutig.

„Wenn du mich schlägst, dann gehe ich“, sagte sie zu Sara. Und genau das tat sie. Sie ging hinaus in die Wüste, fort von den Zelten und Kamelen und allen, die mit Sara und Abraham unterwegs waren.

Mitten in der Wildnis blieb sie stehen.

Wo sollte sie jetzt hingehen?

Sie war ganz allein.

Da hörte sie eine Stimme, die zu ihr sprach:

„Hagar, du bist nicht allein. Ich sehe dich. Ich habe gesehen, wie schwer du es hast. Aber hab keine Angst! Du wirst einen Sohn bekommen, Ismael. Ich werde für euch sorgen."

Hagar ging zurück zum Zeltlager von Sara und Abraham.

Während der ganzen Zeit dachte sie: Habe ich wirklich einen Schimmer von dem gesehen, der mich sieht?

Sie gab dem, der zu ihr gesprochen hatte, den Namen „Gott, der mich sieht".

Das hatte bisher noch niemand getan.

Bald danach wurde Ismael geboren, der Sohn von Hagar und Abraham.

Ismael bekommt einen Bruder

Sara versuchte, ihre Trauer darüber zu vergessen, dass sie kein Kind bekam.

Doch eines Tages kamen drei Besucher zu Sara und Abraham. Sie sollten im Auftrag Gottes berichten, dass Sara jetzt das Kind bekommen wird, nach dem sie sich so sehr gesehnt hat.

Sara lachte darüber, verletzt und wütend.

„Wie soll das wohl geschehen? Es wissen doch alle, dass ich zu alt dafür bin."

„Lach nur", sagten die drei. „Trotzdem wird es so geschehen."

Und tatsächlich, nach einiger Zeit bekam Sara einen Jungen, obwohl das eigentlich gar nicht möglich war.

Sie nannte ihn Isaak. Das bedeutet „Der, der lacht“. Vielleicht würde ja mit Isaak auch die Freude zurück in ihr Leben kommen.

Ismael und Isaak wuchsen heran und spielten zusammen. Sie kämpften und wetteiferten miteinander, wer am weitesten springen und am schnellsten laufen konnte.

Sara saß und sah ihnen zu.

„Jetzt ist alles gut“, dachte sie. „Doch was soll werden, wenn sie größer sind? Vielleicht wird es Streit geben, wer uns beerben soll, wenn Abraham und ich gestorben sind. Das kann schwierig werden.“

Sie stand auf und ging zu Abraham. Was am Anfang wie eine gute Idee aussah, stellte sich jetzt als Problem heraus. Sara sah nur eine einzige Lösung.

„Abraham, du musst diese Frau und ihren Sohn fortschicken“, sagte Sara.

Obwohl sie sehr gut wusste, dass sie Hagar und Ismael hießen, tat sie so, als würde sie die beiden kaum kennen.

Abraham zögerte. Er hatte den Jungen und Hagar lieb. Sie fortzuschicken war für die beiden das sichere Todesurteil. Es gab ja draußen in der Wildnis nichts, wovon sie leben konnten.

In der kommenden Nacht konnte Abraham kaum schlafen, und er hatte schlimme Träume. Am Morgen ging er widerwillig zu Hagar und sagte:

„So geht es nicht länger. Du musst uns verlassen und Ismael mitnehmen."

Hagar bekam Essen und Wasser mit auf den Weg, aber das reichte nicht lange.

Bald hatte sie sich verlaufen.

Ismael hatte Schwierigkeiten weiterzugehen. Sie versuchte ihn zu tragen, aber das ging nicht lange, denn er war schon recht groß und schwer.

Sie irrten mehrere Tage umher, und Hagar hoffte die ganze Zeit, dass jemand sie finden und ihnen helfen würde. Aber sie sahen niemanden, nur die großen stummen Berge in der Ferne.

Irgendwann war das Essen alle.

Das Wasser ging zu Ende.

Ismael konnte nicht mehr gehen, und das Atmen fiel ihm schwer.

Hagar legte ihn in den Schatten eines Busches und setzte sich selbst ein Stück entfernt auf die Erde. Sie hatte aufgegeben.

„Ich kann nicht dabei zusehen, wenn der Junge stirbt", dachte sie.

Wie schrecklich, so etwas von seinem eigenen Kind zu sagen!

Das passiert normalerweise fast nie, dass eine Mutter ihr sterbendes Kind alleinlässt. Aber wenn alles nur noch schwer und aussichtslos ist und man selbst auch dem Tod nahe ist, kann man mit einem Mal wie ein anderer Mensch sein. Niemand kann das empfinden, der es nicht selbst erlebt hat.

Hagar war völlig am Ende und wusste nicht, was sie tun sollte. Aber sie ging nur so weit von Ismael weg, dass sie ihn noch sehen und hören konnte.

Vielleicht dachte Ismael an die schöne Zeit zurück, die er mit Isaak verbracht hatte. Wie sie gemeinsam Unsinn ausheckten und sich zwischen den Zelten versteckten. Wie sie auf die Kamele warteten, die sich schwerfällig zum Ausruhen hinsetzten, um dann auf ihre Rücken zu klettern und so zu tun, als wären sie Krieger, unterwegs in ferne Länder.

Vielleicht dachte er an Apfelsinen und Weintrauben und Brunnen mit klarem, frischem Wasser.

Ismael hatte schon lange nichts mehr gesagt, und Hagar dachte, dass sein Mund genauso ausgetrocknet sein müsse wie ihrer. Er konnte wohl nicht mehr reden. Der Magen tat bestimmt weh vor Hunger. Und er jammerte, aber es flossen keine Tränen mehr – sie waren längst versiegt.

Doch plötzlich war Hagar, als würde sie wieder die Stimme hören, die schon früher zu ihr gesprochen hatte. Sie hob vorsichtig den Kopf und hörte.

„Hagar, ich sehe dich. Ich habe deinen Jungen jammern gehört. Aber du hast nicht gemerkt, dass es hier Wasser gibt, ganz nahe bei dir. Hab keine Angst! Ich werde für dich sorgen."

Wenn man sehr traurig und erschöpft ist, hat man oft keinen Blick für seine Umgebung. Doch jetzt schaute Hagar genau hin. Da entdeckte sie eine Wasserquelle ganz in ihrer Nähe.

Jetzt konnten sie ihre Gefäße wieder mit Wasser füllen und trinken. Sie mussten nicht sterben.

Hagar und Ismael bekamen neue Kraft und konnten weiterziehen, bis sie in ein Gebiet kamen, wo Menschen lebten und ihnen halfen.

Von jetzt an sorgte Hagar allein für Ismael. Sie entschied selbst über ihr Leben, und sie hatten es gut.

Ismael wuchs heran und wurde ein tüchtiger Bogenschütze.

Als Ismael erwachsen war, sorgte Hagar dafür, dass er ein Mädchen aus ihrem eigenen Heimatland Ägypten treffen konnte, und sie heirateten. Sie bekamen Kinder und Enkel, und aus ihnen wurde ein großes Volk.

Rebekka geht zum Brunnen

Rebekka wohnte in dem Land, das Sara und Abraham verlassen hatten, um ein neues Land zu suchen. Sie waren von dort fortgezogen, lange bevor sie geboren war. So hatte sie die beiden niemals gesehen, aber ihre Mutter und ihr Vater hatten ihr von ihnen erzählt.

Die Jahre waren vergangen, und seit längerer Zeit hatte niemand in der Stadt Ur etwas von Abraham und Sara gehört.

Rebekkas Bruder hieß Laban. Als sie klein waren, hatten sie viel miteinander gespielt, aber jetzt waren sie fast erwachsen und mussten mehr und mehr zu Hause helfen.

Eines Abends war Rebekka unterwegs zum Brunnen unten in der Stadt, um den Tieren ihrer Familie Wasser zu geben.

Das war eine schwere Arbeit. Esel und Schafe trinken viel, und Kamele trinken noch mehr. Aber Rebekka war jung und stark und zäh, und sie tat es gern.

Als sie dort am Brunnen stand, schien die Abendsonne auf ihr Haar, sodass es glänzte. Es sah fast aus wie ein Wasserfall, als sie sich hinabbeugte, um Wasser hochzuholen.

Die Schafe und Esel drängten sich um sie, und sie musste den Hütehund herbeipfeifen, damit der Ordnung in die ganze Herde brachte.

Als sie aufblickte, sah sie einen alten Mann am Brunnen stehen.

Er sah müde und staubig aus, so als hätte er eine lange Reise über Felder, Berge und durch Wüsten hinter sich. Er hatte zwei Kamele dabei, die mit allerlei wertvollen Dingen beladen waren.

Ob er ein Händler war?

Aber bevor Rebekka etwas sagen konnte, ging der alte Mann vor ihr auf die Knie. Er berührte mit den Handflächen den Boden und beugte seinen Kopf tief hinunter.

Es sah aus, als würde er zu Gott beten. Wer war dieser Mann wohl?

Rebekka half ihm, wieder aufzustehen.

„Ich kann dir Wasser geben und ich helfe dir gern, deine Tiere zu tränken", sagte sie, als sie sah, wie gebrechlich er war.

„Danke", sagte der alte Mann.

Aber er sagte es nicht zu Rebekka.

Er sah in die Ferne zum Horizont.

„Danke, mein Gott", sagte er. „Jetzt verstehe ich, dass ich es gefunden habe. Hier ist das Zeichen."

„Zeichen?", fragte Rebekka erstaunt. „Was für ein Zeichen?"

„Du bist es", sagte der Mann. „Ich habe zu Gott gesagt: Wenn ich in die Stadt komme und ein junges Mädchen am Brunnen treffe und wenn sie sagt, dass sie mir und meinen Kamelen Wasser gibt, dann soll das ein Zeichen sein, dass ich die Frau gefunden habe, die Isaak heiraten wird. Und jetzt habe ich dich hier gefunden. Du bist das Zeichen."

„Aber wer ist Isaak?", fragte Rebekka.

„Isaak ist der Sohn von Abraham und Sara, und er braucht jemanden, der ihn trösten kann. Sara ist gestorben, und er lässt nur den Kopf hängen und vermisst seine Mutter die ganze Zeit. Abraham hat gesagt, dass Isaak eine richtige Frau braucht, die ihn wieder froh machen kann. Eine, die schön und stark ist. Das musst du sein!"

Dann erzählte der Mann, dass er Eliëser hieß und dass Abraham ihn hierher geschickt hat.

Rebekka erinnerte sich, was ihre Eltern ihr von Sara und Abraham erzählt hatten. Die beiden hatten sich vor Jahren auf den Weg gemacht, um ein Land zu finden, in dem sie zu dem Unsichtbaren beten könnten, zu Gott, der schon vor allem Anfang gewesen ist, den man nicht kaufen oder verkaufen kann und der alles erschaffen hat.

„Mama und Papa müssen dich kennenlernen“, sagte Rebekka.

Sie lud Eliëser zu sich nach Hause ein und erzählte alles noch einmal der ganzen Familie. Er gab Rebekka wertvolle Geschenke und fragte, ob sie mitkommen wolle, um Isaak zu heiraten.

„Das Mädchen braucht eine Bedenkzeit“, sagte ihre Mutter. „Es ist eine lange Reise, und sie kennt Isaak noch gar nicht. Sie kommt vielleicht niemals wieder zu uns zurück. Gib ihr zehn Tage zum Nachdenken!“

„Das ist nicht nötig!“, sagte Rebekka. „Ich mache mich morgen auf den Weg!“

Und so geschah es.

Rebekkas altes Kindermädchen Debora kam mit, um eines Tages auch für die Kinder von Rebekka und Isaak sorgen zu können.

Isaak war draußen auf dem Feld, als er in weiter Ferne etwas erblickte. Er hielt eine Hand vor die Sonne, um besser zu sehen.

Es waren Rebekka und Debora und Eliëser, die langsam näher kamen.

Als Rebekka bei ihm war, stieg sie vom Kamel herunter. Sie sah zu Isaak, und er sah zu ihr. Es war Liebe auf den ersten Blick.

Sie heirateten, und Rebekka zog in Saras Zelt. Sie tröstete Isaak in seiner Trauer, und er wurde wieder froh.

Aber wer tröstete Rebekka? Sie würde ihre Mutter und ihren Vater und Laban wohl nie wieder treffen. Ihre Heimatstadt lag weit, weit entfernt.

Rebekka war stark, aber wie lange würde sie es aushalten?

Rebekka und Isaak bekamen Zwillinge, zwei Jungen: Esau und Jakob. Für ihre ganze Geschichte reicht der Platz in diesem Buch nicht aus. Aber so viel soll gesagt werden, dass Jakob seinen Bruder Esau betrog und dass die beiden Feinde wurden.

Jakob war gezwungen, zu seinem Onkel Laban zu fliehen. Es war ein weiter Weg dorthin, und in der ersten Nacht schlief er auf dem Erdboden. Da hatte er einen Traum. Er sah eine Leiter, angelehnt zwischen Himmel und Erde. Die Engel stiegen die Leiter hoch und hinunter, und er hörte Gott sagen:

„Ich werde dich nicht verlassen."

Als Jakob aufwachte, sagte er:

„An diesem Ort ist Gott, und ich habe es nicht gewusst!"

Er hatte von Gott geträumt, dem Unsichtbaren, der niemals jemanden verlässt, nicht einmal den, der etwas falsch gemacht hat. Der Gott von Sara und Abraham folgte auch ihm und versprach, ihm zu helfen.

Es dauerte viele Jahre, bis die Brüder sich wieder trafen.

Trotz allem, was geschehen war, hatten sie Sehnsucht nacheinander, und sie wurden wieder Freunde.

Inzwischen war Rebekka alt geworden, und ihr Kindermädchen Debora war gestorben. Rebekka vermisste sie sehr. Debora hatte sie oft getröstet, wenn es für Rebekka schwer war.

Deboras Grab lag unter einem Baum. Er wurde „Baum der Tränen" oder „Träneneiche" genannt. Rebekka ging manchmal dorthin, um allein zu sein und nachzudenken und sich an die Zeit zu erinnern, als sie noch klein war.

Jeder Mensch sollte eine eigene Träneneiche haben.

Josef landet in einem Brunnen

In dieser Geschichte steht ein Junge ganz tief unten in einem leeren Brunnen. Er heißt Josef.

Dort unten ist es feucht und kalt und dunkel, und niemand interessiert sich dafür, dass er weint und Angst um sein Leben hat. Er kann nicht allein aus dem Brunnen kommen. Wie um alles in der Welt ist er nur dort gelandet?

Also, das war so:

Rebekkas Sohn Jakob bekam viele Kinder – zwölf Söhne. Er hatte sie alle gern, aber so sehr er allen ein guter Vater sein wollte, hatte er doch einen von ihnen ganz besonders gern.

Das war Josef.

Für seine Brüder war das schwer. Sie waren eifersüchtig auf Josef.

Aber auch für Josef war es schwer. Natürlich freute er sich, dass sein Vater ihn besonders gern hatte. Aber er wollte sich auch mit seinen Brüdern gut verstehen.

Josef wurde ein Träumer, der oft seine eigenen Wege ging und sich in seiner Fantasie ausmalte, alle würden ihn mögen.

Eines Morgens, als die ganze Familie beim Frühstück saß, sagte Josef:

„Heute Nacht hatte ich einen sonderbaren Traum. Ich

träumte, dass ich draußen auf dem Feld war und zwischen den Weizengarben herumging. Es waren zwölf Garben, und eine war meine. Dann sah ich, wie die anderen elf Weizengarben sich vor meiner Garbe verneigten."

„Wir verstehen genau, was du sagen willst", sagte Ruben, der älteste der Brüder. „Du willst, dass wir uns vor dir verneigen. Du willst der Größte und Feinste von uns sein, obwohl du der zweitjüngste bist. Werd nur nicht frech!"

Josef schwieg eine Weile und zog seinen kostbaren Mantel an, den er von Vater Jakob bekommen hatte.

Wir anderen bekommen gar nichts, dachten die Brüder.

Dann sagte Josef:

„Ich hatte noch einen anderen Traum. Ich träumte, dass ich zum Himmel blickte. Plötzlich sah ich, wie sich die Sonne vor mir verbeugte. Und der Mond! Und zum Schluss sah ich elf Sterne, die sich auch vor mir verbeugten."

„Papa! Jetzt sag doch was!", schrien alle Brüder.

„Jetzt ist es aber genug", sagte Jakob streng zu Josef. „Glaubst du, dass ich und deine Mutter und alle deine Brüder dir gehorchen sollen? Was glaubst du eigentlich, wer du bist?"

Josefs Brüder wischten sich den Mund ab und gingen hinaus, um die Schafe der Familie zu hüten. Sie waren zufrieden, dass Jakob so deutlich mit Josef geredet hatte. Aber irgendwie beunruhigten sie die Träume schon.

Josef und Benjamin waren die beiden jüngsten der Brüder. Sie mussten nicht mitgehen, wenn die anderen auf die Schafe aufpassten.

Aber eines Tages sagte Jakob zu Josef:

„Deine Brüder sind jetzt schon einige Tage unterwegs. Geh zu ihnen und sieh, wie es ihnen geht!"

Josef war froh und stolz über den Auftrag und zog seinen kostbaren Mantel an.

Als die Brüder Josef kommen sahen, waren sie müde und schmutzig von der tagelangen Arbeit draußen auf dem Land. Sie ärgerten sich über seine feine Kleidung.

„Sieh an, da kommt der Träumer!“, riefen sie. „Wir arbeiten, aber er spielt nur! Lasst ihn uns jetzt mal ordentlich verprügeln!“

„Nein“, sagte Ruben, „tut das nicht. Das kann böse ausgehen. Vielleicht stirbt er sogar dabei. Aber wir können ihn hier hinunter in den leeren Brunnen werfen. Das wird ihm eine Lehre sein.“

Ruben rechnete damit, dass sich nach einiger Zeit alle beruhigen würden. Dann wollte er zurückschleichen und Josef wieder heraufziehen. Deshalb ging er ein Stück von den Brüdern weg und wartete darauf, dass sie vor ihm heimgehen würden.

Die Brüder rissen Josef den kostbaren Mantel vom Leib, hoben ihn hoch und warfen ihn hinunter in den Brunnen.

Er konnte nicht allein herausklettern. Dort unten war es dunkel, und als ihm deutlich wurde, dass sie gar nicht daran dachten, ihn wieder herauszuholen, bekam er furchtbare Angst.

In den Träumen war er immer ganz oben. Jetzt war er ganz unten.

„Ha, da kann er lange sitzen. Wenn er stirbt, dann wird sich Jakob vielleicht endlich auch um uns kümmern“, sagte einer der Brüder.

Er versuchte, nicht auf Josefs Jammern zu hören.

Sie schauten sich an, und plötzlich dachten sie an ihren

Vater Jakob. Was würde er sagen, wenn Josef tot sein würde? In dem Augenblick kam eine Gruppe ausländischer Kaufleute vorbei. Sie hatten etliche Kamele dabei, die mit Waren beladen waren. Es war also eine richtige Karawane.

Einer der Brüder, Juda, hatte eine Idee:

„Wir verkaufen Josef. So werden wir ihn los! Wir können Papa erzählen, dass Josef verunglückt ist. So ist er auf jeden Fall nicht wirklich tot."

Die Kaufleute bezahlten gut für Josef und nahmen ihn mit, als sie weiterzogen. Niemand fand es sonderbar, einen Jungen zu kaufen. Damals gab es überall Sklaven zu kaufen.

Als Ruben zurück zum Brunnen kam, um Josef heraufzuholen, war der Brunnen leer.

Und niemand wusste, wohin Josef jetzt unterwegs war.

Die Brüder entschieden gemeinsam, Jakob nichts davon zu erzählen. Sie nahmen Josefs Mantel, schlachteten einen Schafbock und bespritzten den Mantel mit Blut.

Als sie nach Hause kamen, zeigten sie Jakob den Mantel und sagten:

„Wir wissen nicht, wo Josef ist. Er ist wohl in der Wildnis umgekommen. Wir haben nur seinen Mantel gefunden."

Jakob wurde vor lauter Trauer fast krank.

Er wusste ja nicht, dass Josef noch lebte.

Josef ist Sklave in Ägypten

Die Händler, die Josef gekauft hatten, nahmen ihn mit auf eine lange Reise durch die Wüste bis nach Ägypten.

Josef hatte Angst vor ihnen. Zuerst verstand er nicht, was sie sagten, aber nach einigen Wochen hatte er einige Worte in ihrer Sprache gelernt. Er verstand, dass ihr König Pharao genannt wurde und dass er in Zukunft für Potifar arbeiten würde. Potifar war der ranghöchste Mitarbeiter vom Pharao und Befehlshaber seiner Soldaten.

Weil Josef jetzt Sklave bei Potifar war, durfte er nichts selbst entscheiden. Aber Potifar behielt ihn bei sich, und so wuchs er im Haus des Befehlshabers auf und wurde ein junger Mann.

Potifar war oft verreist.

Seine Frau mochte nicht allein sein. Sie war gern in der Nähe von Josef, wenn er im Haus arbeitete.

Eines Tages packte sie ihn an seiner Kleidung und versuchte, ihn zu sich zu ziehen.

Sie sagte:

„Na, wie wäre es mit uns beiden?"

„Aber du hast doch schon einen Mann", sagte Josef.

Er riss sich los, und Potifars Frau blieb allein zurück mit seinem Mantel in der Hand.

Sie begann zu schreien:

„Hilfe! Josef wollte mich überfallen, aber ich konnte mich befreien!"

Niemand glaubte Josef, als Potifar wieder nach Hause kam.

Josef wurde verurteilt und ins Gefängnis geworfen, obwohl er doch gar nichts getan hatte. Dort saß er eingeschlossen mit den anderen Gefangenen und hatte keine Chance, wieder freizukommen.

Aber als die Gefangenen ihm von ihren sonderbaren Träumen erzählten, konnte er ihnen erklären, was sie bedeuteten. Er war es ja gewohnt, Träume zu deuten.

So konnte er vielen von ihnen helfen.

Einige gehörten zu den Dienern des Pharao.

„Denkt an mich, wenn ihr wieder frei seid, und helft mir, aus dem Gefängnis zu kommen!", sagte Josef zu ihnen. „Ihr könnt doch sicher mit dem Pharao sprechen!"

Sie versprachen es ihm.

Aber sobald sie das Gefängnis verlassen hatten, dachten sie nicht mehr an ihr Versprechen.

Ein ganzes Stück entfernt, in derselben Stadt, befand sich der fantastische Palast des Pharao.

Josef saß in einem engen, schmutzigen Raum im Gefängnis, wo es die meiste Zeit dunkel war.

Der Pharao lebte in seinem großen Palast, und alle Räume waren hell und lichtdurchflutet. Er trug die schönsten Kleider und bekam das beste Essen. Aber seit einiger Zeit schlief er schlecht. Er hatte so eigenartige Träume. Alpträume, um es genau zu sagen.

Zuerst träumte er, dass er am Nil, einem Fluss, stand. Dort sah er sieben fette, gut aussehende Kühe, die am Ufer grasten. Dann kamen sieben magere, hässliche Kühe mit schiefen, spindeldürren Beinen. Die mageren Kühe fraßen die fetten Kühe auf. Und danach sahen sie genauso mager und elend aus wie vorher.

Später träumte der Pharao noch einen ganz ähnlichen Traum mit sieben dicken und sieben dünnen Weizenähren.

Er rief all seine Weissager und Traumdeuter zusammen. Die kratzten sich am Kopf, grübelten lange nach und suchten in alten Büchern, aber niemand konnte die Träume deuten.

Der Pharao wurde ärgerlich und schlief immer schlechter. Noch spät in der Nacht konnte man Licht im Palast sehen, wenn er dort herumlief.

Alle seine Diener waren besorgt. Auch sie mussten manchmal ganze Nächte lang wach bleiben.

So konnte das nicht weitergehen! Gab es wirklich niemanden, der die Bedeutung seiner Träume kannte?

Da dachte plötzlich einer der Diener an den Traumdeuter, den er im Gefängnis getroffen hatte.

Und so kam Josef zum Pharao.

Josef betrat den großen Saal und blinzelte ins helle Licht.

„Bist du der, der Träume deuten kann?", fragte der Pharao.

Josef sah ein bisschen so aus wie eine der mageren Kühe.

„Nein", antwortete er. „Aber ich bete zu Gott, und wenn er will, wird er mir helfen."

Der Pharao erzählte seine Träume, und Josef dachte eine Weile nach.

Schließlich sagte er:

„Jetzt weiß ich es. Die Träume bedeuten, dass jetzt sieben Jahre kommen, in denen es große, reiche Ernten geben wird. Und es gibt Nahrung im Überfluss! Dann folgen sieben schlechte Jahre, in denen fast nichts wächst. Wenn ihr das Getreide in den guten Jahren richtig einteilt, wird es auch in den schlechten Jahren ausreichen. Dann braucht das Volk nicht zu hungern. Ihr müsst große Vorratsscheunen bauen lassen und in den guten Jahren Getreide sparen."

„So machen wir es. Und du sollst die Arbeit leiten!", sagte der Pharao.

„Das geht leider nicht", antwortete Josef. „Ich sitze ja noch im Gefängnis."

„Ab heute bist du frei!", sagte der Pharao.

Josefs Brüder kommen

Der Pharao hatte Josef beauftragt, große Vorratsscheunen bauen zu lassen und dafür zu sorgen, dass ein Teil der guten Ernten in den ersten sieben Jahren dort eingelagert wird. Das tat Josef. Dann kamen die sieben schlechten Jahre – nicht nur in Ägypten, sondern auch in den benachbarten Ländern. Aber in Ägypten gab es Nahrung genug, weil der Vorrat jetzt verteilt wurde. Es kam genauso, wie Josef es dem Pharao gesagt hatte.

Josef ging es jetzt gut – kein dunkler Brunnen mehr, keine Sklavenarbeit! Und kein Gefängnis! Er wohnte fast genauso schön wie der Pharao und hatte eine eigene Kutsche, mit der er fahren konnte.

Aber manchmal dachte er an Jakob.

Lebt mein Papa noch? Und wie geht es meinen Brüdern?

Eines Tages kamen zehn Männer aus einem anderen Land zu Josef. Sie wollten Getreide kaufen, weil es in ihrem eigenen Land nichts mehr zu essen gab. Josef ging hinaus, um sie zu begrüßen.

Als er die Besucher sah, zuckte er zusammen.

Das waren seine Brüder!

Alle waren dabei, außer seinem jüngsten Bruder Benjamin.

Und alle Brüder verbeugten sich tief vor Josef. Genauso, wie er es damals zu Hause geträumt hatte.

Die Brüder erkannten Josef nicht. Sie erzählten, wer sie waren, und sie sagten, dass der jüngste Bruder Benjamin zu Hause geblieben sei.

Josef überlegte, ob er sich zu erkennen geben solle, aber er sagte nichts.

Ich will sie zuerst auf die Probe stellen, dachte er. Ich will herausfinden, ob sie sich geändert haben oder ob sie noch genauso neidisch sind wie damals.

„Ihr könnt kein Getreide kaufen, wenn ihr nicht zuerst euren Bruder mitbringt“, sagte er.

Die Brüder seufzten und reisten nach Hause, um ihn zu holen. Was sollten sie auch sonst tun?

Als sie wieder zurückkamen, lud Josef alle Brüder zu einem Fest ein.

Er gab Benjamin die leckersten Speisen. Aber er merkte, dass die Brüder nicht neidisch wurden. Sie waren freundlich zu Benjamin und gönnten ihm die Leckereien.

Das ist ein Beweis, dass sie sich geändert haben, dachte Josef.

Als die Brüder wieder nach Hause reisen wollten, versteckte Josef einen wertvollen Silberbecher im Getreidesack von Benjamin.

Er ließ sie ein Stück heimwärts ziehen, doch dann schickte er seine Diener hinterher.

„Stopp! Haltet an! Unser Herr vermisst einen Silberbecher! Jemand von euch muss ihn gestohlen haben!", schrien Josefs Diener.

Und da lag er, im Gepäck von Benjamin.

Die Brüder wurden gezwungen, zu Josef umzukehren.

„Euer jüngster Bruder ist ein Dieb", sagte Josef. „Er muss streng bestraft werden – er soll mein Sklave werden und nicht heimkehren."

„Nein", riefen die Brüder, „nimm stattdessen jemanden von uns!"

Sie haben sich tatsächlich geändert, dachte Josef. Sie denken nicht mehr nur an sich.

„Nimm nicht Benjamin!“, baten die Brüder. „Sonst stirbt unser alter Vater vor Trauer. Er hat schon genug getrauert über einen anderen Bruder, der verschwunden ist.“

Als Josef hörte, dass Jakob noch lebte, konnte er nicht länger schweigen.

Er begann zu weinen.

„Jakob lebt?“, sagte er. „Ich bin Josef, euer Bruder!“

Jetzt erkannten die Brüder Josef, und sie bekamen Todesangst. Sie warfen sich vor ihm auf den Boden und baten um Vergebung.

„Ja, ich vergebe euch“, sagte Josef. „Steht wieder auf! Was ihr mir angetan habt, war nicht gut, aber Gott ist größer. Trotz allem, was passiert ist, hat er eine gute Lösung für uns alle gefunden. Jetzt müsst ihr heimkehren und Jakob holen!“

Jakob war alt, aber er wollte Josef wiedersehen. So nahm er die lange Reise nach Ägypten auf sich und blieb dort bis zum Ende seines Lebens.

Josef und seine Brüder blieben auch in Ägypten und bekamen viele Kinder und Enkel. Sie wurden Hebräer oder Israeliten genannt und lebten viele Jahre mit den Ägyptern zusammen.

Mirjam rettet Mose

Mirjam war ein Mädchen, das zu den Hebräern in Ägypten gehörte. Sie war sehr froh darüber, dass sie vor einiger Zeit einen kleinen Bruder bekommen hatte.

Zuerst war er rot und zerknautscht, und er schlief fast die ganze Zeit. Aber inzwischen war er etwas größer geworden. Er zeigte auf Mirjam, wenn sie ihn mit ihrem funkelnden Silberarmband neckte, und dann lachte er. Seine Stimme, die sich am Anfang nur wie ein leises Winseln angehört hatte, war jetzt schon viel lauter. Wenn er hungrig war, schrie er so laut, dass es fast in den Ohren wehtat.

Mirjams Eltern waren zuerst sehr glücklich über den Jungen, aber jetzt wurden sie von Tag zu Tag leiser und ernster. Sie flüsterten miteinander und versuchten, ihn in Decken und Tücher zu wickeln, wenn er schrie.

„Was ist los?", fragte Mirjam. „Mögt ihr meinen kleinen Bruder nicht mehr?"

Da erzählte Mirjams Mutter, dass der neue Pharao befohlen hatte, dass bei den Hebräern keine neuen Jungen mehr geboren werden dürfen. Er ist der Meinung, dass es schon zu viele Hebräer im Land gibt.

Seit der Zeit von Josef waren viele Jahre vergangen, und die Ägypter erinnerten sich nicht mehr daran.

Josefs Volk, die Hebräer, waren mehr und mehr geworden, und die Ägypter verachteten sie.

Schließlich hatte der Pharao angeordnet, dass sie alle Sklaven werden sollten. Er zwang sie, hart zu arbeiten, weil er Angst hatte, dass es sonst einen Aufruhr geben würde.

Und jetzt hatte er befohlen, dass alle neugeborenen hebräischen Jungen in den Fluss geworfen werden sollen.

„Sie sagen, dass wir nicht zu ihrem Volk gehören", flüsterte Mirjams Mutter. „Dass wir Einwanderer und Fremde sind. Dabei wohnen wir doch schon so lange hier und haben immer hart gearbeitet. Was sollen wir nur mit dem Jungen machen?"

Schließlich konnten sie Mirjams kleinen Bruder nicht länger verstecken.

Da nahm Mirjams Mutter einen Korb und dichtete ihn mit Stoff und Teer ab, damit kein Wasser eindringen konnte.

Als der Junge schlief, legte sie ihn hinein.

Dann schlich sie hinunter zum Fluss Nil zu einer Stelle, an der das Schilf ganz dicht stand. Dann setzte sie den Korb ins Wasser.

Mirjam war ihrer Mutter gefolgt, und jetzt hörte sie, wie sie betete:

„Gott, lass jemand mein Kind finden und sich darum kümmern! Es sieht doch so aus wie alle anderen kleinen Kinder."

Mirjam beschloss, alles zu tun, um ihren kleinen Bruder zu retten.

Ihre Mutter ging wieder nach Hause. Mirjam war am Fluss geblieben, um zu beobachten, was mit ihrem Bruder geschehen sollte. Der Korb war im Schilf eingeklemmt, deshalb schwamm er nicht fort.

Zu dem Flussufer an dieser Stelle kamen oft vornehme Leute, um zu baden. Das wusste Mirjam. Und so entwickelte sie einen Plan, um ihren Bruder zu retten.

Sie versteckte sich, bis es dunkel wurde, wiegte den Korb vorsichtig und sang ein Lied für den Kleinen.

Schließlich schlief sie auch selbst ein.

Ein Storch schritt auf seinen langen, roten Beinen vorbei und blieb erstaunt stehen, als er das Mädchen am Ufer sah und den Korb mit dem schlafenden Kind im Wasser erblickte.

Am nächsten Morgen wachte Mirjam auf, weil in der Nähe Stimmen zu hören waren.

Da tauchten einige junge Frauen aus dem Palast des Pharao auf, und sie wollten baden.

Schnell streckte Mirjam die Arme aus und stieß den Korb an, sodass er aus dem Schilf herauskam und auf dem Fluss schwamm. Dann versteckte sie sich wieder.

Dann erkannte sie, dass es die Tochter des Pharao war, eine Prinzessin, die da ins Wasser steigen wollte.

Plötzlich sah die Prinzessin den Korb.

Mirjams kleiner Bruder war von dem Stoß aufgewacht und weinte ein wenig.

„Schau mal!", sagte die Prinzessin und beugte sich herab. „Was für ein hübsches kleines Kind! Das ist wohl ein Junge von den Hebräern! Ich will Papa fragen, ob ich ihn behalten darf. So kann ich für ihn sorgen wie für ein eigenes Kind!"

Das hörte sich fast an, als würde sie über Spielsachen oder ein Katzenjunges reden.

Jetzt musste Mirjam schnell etwas tun. Sie sprang auf und lief aus ihrem Versteck.

„Ich kenne eine Frau, die könnte dem Kind zu essen geben und sich um es kümmern", sagte sie schnell.

Sie dachte dabei natürlich an ihre Mutter.

„Das passt ja gut", sagte die Prinzessin. „Was für ein Glück! Hol sie her, damit sie mit uns in den Palast kommen kann. Der Junge soll Mose heißen. Findet ihr nicht auch?"

So bekam Mose seinen Namen. Er bedeutet „im Wasser gefunden".

Seine Mutter ging mit in den Palast und sorgte für ihn. Mirjam hatte ihren Bruder gerettet.

Mose sieht einen brennenden Busch

Mose hatte es sehr gut im Palast des Pharao. Er aß das beste Essen im Land. Als er groß genug war, erhielt er eine eigene goldene Kutsche, um damit zu fahren.

Aber Mirjam besuchte ihn ab und zu, ganz heimlich, und erzählte ihm, wie schwer es sein Volk hatte.

Eines Tages verließ Mose den Palast und ging durch die Stadt. Er war ganz normal gekleidet, damit ihn niemand erkannte.

Er wollte mit eigenen Augen sehen, wie sein Volk lebte.

Als er an den Rand der Stadt kam, erblickte er einige hebräische Männer, die Steine hauten.

Sie wurden von einem Ägypter bewacht, der sie anschrie: „Schneller! Packt zu, ihr Faulpelze!"

Ein Sklave fiel auf die Erde, total erschöpft.

Da schlug ihn der Wächter mit einer Peitsche, sodass er zu bluten begann.

Mose wurde so ärgerlich, dass er zu

zittern begann. Es war, als würde plötzlich ein Feuer in ihm brennen.

Er lief hin und schlug den Wächter so hart auf den Kopf, dass der sofort tot war.

Niemand hat es gesehen, dachte Mose. Ich werde den Toten einfach irgendwo hinwerfen.

Als er das getan hatte und zurückkehrte, kam ein Mann zu ihm und sagte:

„Warst du das nicht, der den ägyptischen Wächter totgeschlagen hat? Ich habe dich doch gesehen!"

Da traute sich Mose nicht mehr zu bleiben. Er floh hinaus in die Wüste und versteckte sich dort.

Nach und nach gewöhnte er sich an sein neues Leben in der Wildnis.

Er heiratete eine Frau, die zu einem Wüstenvolk gehörte, den Beduinen, und er half mit, die Schafe ihrer Familie zu hüten.

Eines Tages, als Mose wie gewohnt draußen bei den Schafen war, sah er einen Feuerschein. Wer hatte da mitten am Tag ein Feuer gemacht?

Er ging näher, aber es war niemand dort.

Nur ein großer brennender Busch.

Aus jedem Zweig schlugen Flammen empor.

Aber das Sonderbare war, dass der Busch brannte, aber nicht verbrannte. Es sah aus, als ob er in einer Wolke aus Feuer stehen würde, ohne zu verbrennen.

Mose dachte an den Tag zurück, an dem er brennend vor Wut einen Menschen totgeschlagen hatte.

Danach hatte er das Gefühl gehabt, dass von seinem Leben nichts übrig geblieben war als ein Haufen Asche. Kann man für eine gute, gerechte Sache brennen, ohne selbst zu verbrennen?

Vielleicht ist das möglich, wenn man vor Liebe brennt und nicht vor Hass und Wut?

Es war ein großer, kräftiger Busch mit Wurzeln, die bis tief in die Erde reichten.

Als Mose näher ging, hörte er eine Stimme, die sagte:

„Zieh deine Schuhe aus, denn der Ort, auf dem du stehst, ist heiliger Boden!“

Es hörte sich an, als würde die Stimme aus dem brennenden Busch kommen.

„Wer bist du?“, fragte Mose, als er dort barfuß auf dem Boden stand.

Seine Stimme zitterte, denn er ahnte, dass es Gott war, der Unsichtbare, der da zu ihm redete.

„ICH BIN DER, DER ICH BIN“, sagte die Stimme. „Und

ich rufe dich, Mose. Du sollst zum Pharao gehen und ihm sagen: Lass mein Volk frei!"

„Das geht nicht", sagte Mose. „Ich bin jetzt seit vierzig Jahren in der Wüste, und ich weiß nicht mehr, wie man im Palast des Pharao redet. Ich bin ein einfacher Mensch. Was soll ich sagen?"

„Sag ihm, dass ICH BIN dich geschickt hat", sagte die Stimme.

Mose versuchte zu vergessen, was er gesehen und gehört hatte, aber das ging nicht. Er wusste, dass Gott, der Unsichtbare, der keinen Menschen aufgibt, zu ihm gesprochen hatte.

Er nahm seinen Bruder Aaron mit und ging los, um mit dem Pharao zu sprechen. Es gab inzwischen einen neuen Pharao, der an die Macht gekommen war, als Mose in der Wüste lebte.

Aber der Pharao wollte dem Volk nicht die Freiheit geben.

Doch bald danach geschah dem eigenen Volk des Pharao ein Unglück nach dem anderen.

Der Himmel wurde fast dunkel von den riesigen Heuschreckenschwärmen, die die ganze Ernte draußen auf den Feldern auffraßen.

Tausende Kröten patschten in alle Häuser und Gärten.

Die Flüsse füllten sich mit Blut, sodass es kein Wasser mehr zu trinken gab.

Es wüteten schreckliche Krankheiten.

Alles in allem waren es sieben Plagen, die das Volk trafen. Bei der siebten Plage starben viele ägyptische Kinder. In der Nacht starb auch der Sohn des Pharao.

Jetzt war der Pharao verzweifelt.

„Lasst die Hebräer gehen!“, sagte er. „Es sieht so aus, als würde Gott uns strafen, weil wir sie zu Sklaven gemacht haben.“

„Beeil dich!“, sagte Mose zu Aaron. „Jetzt müssen wir allen Bescheid geben, dass sie packen und sich schon heute Nacht auf den Weg machen, bevor der Pharao es sich anders überlegt.“

Hinaus aus Ägypten

„Was ist das für eine Nacht, Papa?“, fragte ein schlaftrunkener Junge seinen Vater.

Der Junge war aufgewacht, weil er Stimmen und Schritte gehört hatte. Alle im Haus waren damit beschäftigt, ihre Sachen zu packen. Es gab zu essen, der Tisch war gedeckt, mitten in der Nacht!

„Beeil dich und iss!“, sagte seine Mama. „Wir verlassen Ägypten! Ab heute Nacht sind wir freie Menschen, die tun können, was sie wollen. Iss jetzt etwas!“

„Das Brot ist hart“, sagte der Junge enttäuscht.

„Wir konnten kein weiches Brot backen. Wir hatten keine Zeit, den Teig gehen zu lassen. Zieh deine warmen Sachen an, wir brechen gleich auf!“

Als sie aus dem Haus kamen, sahen sie Mose, Aaron und ihre Schwester Mirjam an der Spitze Hunderter Menschen, die Bündel mit Kleidern oder Verpflegung trugen oder die auf Eseln ritten.

Vor ihnen leuchtete etwas, das wie eine Wolke aus Feuer aussah.

„Diese Nacht darfst du niemals vergessen“, sagte der Vater des Jungen. „Erzähl später deinen Kindern und Enkeln von der Nacht, als Gott uns die Freiheit gab! Wir haben ein Lamm geschlachtet und etwas von seinem Blut um unsere Tür herum gestrichen. Gott wollte es so, damit wir gegen die siebte Plage, die das Volk des Pharao treffen sollte, geschützt waren. Jetzt aber schnell, sonst kommen wir hier nie weg."

Und so verließen sie Ägypten, alle zusammen. Es war ein erster Schritt in ein völlig neues Leben.

Doch als das Volk eine Weile unterwegs war, änderte der Pharao seine Meinung.

„Warum lasse ich so viele gute Sklaven einfach fortgehen?", sagte er.

Er schickte seine Armee hinterher, um sie einzuholen.

Mehrere hundert Wagen und Pferde machten sich donnernd auf die Verfolgung. Es bildete sich eine riesige Staubwolke.

Mose sah, wie die Soldaten näher kamen, und er hörte, wie die Kinder vor Schreck zu weinen begannen.

Das Volk war fast am Meer angelangt – wenn er mit ihnen weiterziehen würde, müssten sie alle ertrinken.

An den Seiten gab es nur hohe Felswände, und hinter ihnen kamen die Soldaten des Pharao immer näher. Sie waren in einer Falle gefangen.

Als die Armee des Pharao so nahe gekommen war, dass man schon die Soldaten schreien hörte, sagte Gott zu Mose:

„Hebe deinen Wanderstab über das Wasser, dann will ich dir helfen.“

Was konnte schon ein gewöhnlicher Wanderstab ausrichten gegen ein ganzes Meer und eine ganze Armee?

„Es geht nicht um Waffen oder um eure eigene Kraft“, sagte Gott. „Ich werde für euch kämpfen, und ihr könnt ganz gelassen bleiben.“

So hob Mose trotz allem seinen Wanderstab und zeigte damit zum Meer.

Da teilte sich das Wasser in zwei Teile, und der Meeresboden lag vor ihnen wie ein Weg zwischen zwei Wassermauern.

„Beeilt euch!“, rief Mose.

Alle liefen los, so schnell sie konnten. Die Armee des Pharao hatte sie fast schon eingeholt, und die Soldaten waren mit ihren Pferden bereits auf dem Meeresboden angelangt.

Doch gerade, als das letzte Kind und das letzte Eselsfohlen und das letzte Bündel ans Ufer gehoben war, schlugen die zwei Wassermauern über der ganzen Armee des Pharao zusammen. Soldaten, Pferde, Wagen und Schwerter verschwanden im Wasser.

Da nahm Mirjam ein Tamburin und sang und tanzte, um Gott für die Rettung zu danken.

Mose und sein Volk wandern in der Wüste

Es wurde eine lange und schwere Wanderung durch die Wüste. Manchmal wurde das Volk müde und wäre am liebsten wieder nach Ägypten umgekehrt. Sie vergaßen, wie schwer das Leben dort gewesen war.

„Versteht ihr nicht, dass wir unterwegs sind zu etwas viel Besserem?“, sagte Mose. „Bald bekommen wir ein neues Land, in dem wir leben können. Dort kann jeder von uns sein eigenes Haus haben und sein eigenes Feld, und niemand muss mehr für andere schuften und sich abrackern. Niemand wird einen anderen quälen oder unterdrücken. Und niemand wird sich etwas nehmen, was ihm nicht gehört.“

Aber das Volk klagte weiter.

Da stieg Mose auf einen hohen Berg hinauf, weil er Gott um Hilfe bitten wollte.

Die Leute sahen ihn verschwinden, bis er nur noch ein Punkt am Himmel war.

Es dauerte lange, bis er wiederkam. Aber er hatte zwei große Steintafeln bei sich. Darauf waren zehn Regeln eingemeißelt, Regeln, nach denen das Volk im neuen Land leben sollte.

Mose sagte: „Das sind die zehn Gebote.“

Aber damit nicht genug. Mose hatte auch mit Gott gesprochen. Er hatte Gott so nahe erlebt wie einen Freund. Gottes Geist war an Mose oben auf dem Berg vorbeigeweht wie ein warmer Wind in der Kälte.

Und als Mose vom Berg herabkam, leuchtete sein Gesicht. Er hatte einen Schimmer des Unsichtbaren gesehen.

Doch das Volk war inzwischen müde geworden, auf die Rückkehr von Mose zu warten. Sie hatten ihren gesamten Goldschmuck eingesammelt und eingeschmolzen und daraus ein goldenes Stierkalb gemacht. Das sollte jetzt ihr Gott sein, und sie beteten es an und tanzten drumherum, statt zu Gott zu beten.

„Wir wollen einen Gott haben, den man sehen und mitnehmen kann", sagten sie. „Bei diesem Stierkalb weiß man, was man hat."

Als Mose das sah, wurde er so wütend, dass er die Steintafeln mit den zehn Geboten kaputt schlug.

Doch dann bereute er es und war gezwungen, noch einmal auf den Berg zu steigen und Gott um neue Tafeln zu bitten.

Als Mose die Gebote vorgelesen hatte, fragte er das Volk:

„Wollt ihr Gott gehorchen und nach diesen Geboten leben, wenn ihr in euer neues Land kommt?"

Alle antworteten:

„Ja, das wollen wir!"

„Dann verspricht Gott, für euch zu sorgen“, sagte Mose. „Gott schließt heute einen Vertrag mit euch, und er wird ihn niemals brechen. Seht zu, dass ihr es auch nicht tut!“

Hier sind die Gebote:

- Niemals sollst du Gott vergessen, der dich aus Ägypten herausgeführt hat.
- Bete keine anderen Götter an, die man kaufen oder verkaufen kann, und mach dir kein Bild von ihnen, sondern bete zu Gott, dem Unsichtbaren, der alles geschaffen hat!
- Geh nicht nachlässig mit Gottes Namen um, sondern gebrauche ihn mit großem Respekt!
- Einen Tag in der Woche sollst du ausruhen und dir Zeit nehmen, um auf mich zu hören.
- Achte deine Eltern und höre auf sie, dann wird es dir gut gehen und du wirst lange in deinem Land leben!
- Du sollst niemanden töten.
- Du sollst die Liebe von zwei Menschen nicht zerstören.
- Du sollst nicht stehlen.
- Du sollst nicht lügen oder schlecht über andere reden.
- Du sollst nicht neidisch sein und das haben wollen, was der andere besitzt.

Aaron, Moses Bruder, sprach einen Segen für das Volk, und sie alle meinten wirklich zu spüren, dass Gottes Angesicht hell über ihnen leuchtete. Er schenkte ihnen sein Licht nicht, weil sie so groß und so stark waren, sondern weil er sie liebte. Dies ist der Segen, den Aaron ihnen gab:

Der Herr segne dich und behüte dich.
Der Herr lasse sein Angesicht über dir leuchten.
Der Herr wende dir sein Angesicht zu
und gebe dir Frieden.

Nach vierzig langen Jahren kam das Volk schließlich in das neue Land. Aber Mose war alt und er wusste, dass er bald sterben würde. Er hielt dem Volk eine lange Rede und verabschiedete sich von ihm. Dann stieg er auf einen hohen Berg und blickte hinüber in das neue Land.

Hinter dem Berg lagen grüne Täler, und er sah dort glitzernde Flüsse fließen.

Er kam nicht mehr dorthin, aber er hatte sein Volk durch die Wüste zum Ziel geführt.

Jetzt spürte er, dass es für ihn Zeit war zu sterben. Und jetzt freute er sich darauf, den Unsichtbaren zu sehen – jenseits von Zeit und Raum, jenseits von Wüsten, Meeren und Bergen.

Das Volk bekommt seinen ersten König

VIELE, VIELE JAHRE WAREN seit dem Auszug aus Ägypten vergangen. Das Volk der Hebräer lebte inzwischen in demselben Land, in dem Jakob früher gewohnt hatte. Gott hatte versprochen, dass seine Nachkommen dorthin zurückkehren sollten. Das Land hieß Israel, und inzwischen war so viel passiert, dass jemand alles aufschreiben musste, damit nichts vergessen wurde.

Manchmal war es ruhig im Land, aber immer wieder einmal musste das Volk gegen andere in den Krieg ziehen.

„Wir müssen einen König haben, der uns anführt und verteidigt. Andere Völker haben auch einen König", sagten einige.

„Nein, wenn wir erst einen König haben, werden wir uns nur noch auf den König verlassen und nicht mehr auf Gott", sagten andere.

Einige Zeit später beschloss das Volk tatsächlich, einen König zu wählen. Der erste König hieß Saul.

Saul hatte ein Problem. Manchmal hatte er große Angst und fühlte sich traurig und hilflos. Dann saß er in der hintersten Ecke in seinem Schloss und konnte nichts tun. Er konnte nicht einmal mit jemandem sprechen. Dunkle Gedanken geisterten in seinem Kopf herum, und er wollte nicht mehr weiterleben.

Oft wurde er von einem Augenblick zum andern furchtbar wütend und tat Dinge, die ihm hinterher leidtaten.

Seine Ärzte und Höflinge schlichen um ihn herum, flüsterten und murmelten, aber wussten nicht, wie sie ihm helfen konnten.

„Was sollen wir tun?", fragten sie sich.

Schließlich sagte jemand:

„Musik! Wenn der König Musik hört, die ihm gefällt, kann ihm das vielleicht helfen."

„Ich kenne einen Mann, der mehrere Söhne hat", sagte ein anderer. „Er heißt Isai und kommt aus Betlehem. Sein jüngster Sohn spielt und singt oft, wenn er draußen auf dem Feld lagert und die Schafe bewacht. Dieser Sohn kann gut singen und spielen, ein tüchtiger Junge. Und er sieht auch sehr gut aus!"

So war es. Der Junge hieß David.

Er war tatsächlich draußen und hütete die Schafe.

Das war ein harter Job. Die Schafe mussten ständig weitergetrieben werden, damit sie nicht alles niedertrampelten oder alles Grün bis zur letzten Wurzel wegfraßen.

Manchmal trieb David sie durch tiefe Täler. Die Berge warfen ihre Schatten auf die Wege, sodass es fast völlig dunkel war. Aber sie mussten weiter, immer weiter.

Die Schafe waren sehr ängstlich, und sie brauchten zwischendurch Stille und Sicherheit, um sich ausruhen zu können.

Sie ließen sich schnell stören durch Fliegen und Insekten, die sie stechen wollten. Dann nahm David Öl und rieb ihre Köpfe damit ein.

Er musste sie vor wilden Tieren schützen. Deshalb hatte er stets eine Schleuder dabei, mit der er Steine auf angreifende Raubtiere schleudern konnte. Und er trug einen spitzen Stab in seiner Hand.

David liebte es sehr, die Schafe zu hüten. Am besten gefiel es ihm, wenn er mit ihnen zwischen den Bergen dahinzog und vor sich hin sang. Manchmal holte er ein Instrument heraus, eine kleine Harfe, die Lyra genannt wird, und spielte darauf. Er hatte sich schon viele Lieder ausgedacht.

Eines seiner Lieder heißt „Der Herr ist mein Hirte“:

Der Herr ist mein Hirte,
mir wird nichts fehlen.
Er führt mich auf grüne Wiesen
und lässt mich ausruhen an stillem Wasser.
Er gibt mir neue Kraft
und leitet mich auf guten Wegen
zur Ehre seines Namens.
Selbst im dunkelsten Tal
fürchte ich kein Unheil,
denn du bist bei mir,
dein Stock und dein Stab geben mir Sicherheit.
Du deckst einen Tisch für mich,
auch wenn meine Feinde nahe sind,
du salbst mein Haupt mit Öl
und füllst meinen Trinkbecher bis an den Rand.
Deine Güte und Gnade werden bei mir sein
an jedem Tag meines Lebens,
und ich werde im Haus des Herrn wohnen,
solange ich lebe.

Eines Tages tauchten ein paar Männer vom Königshof bei David auf. Der saß auf einem Hügel, kaute ein Stück Brot und blickte über das Tal und die Herde.

„Der König ruft dich", sagten sie. „Er will deine Musik hören."

So geschah es, dass David an den Königshof kam.

Wenn der König von finsteren Gedanken gequält wurde, holte David seine Lyra hervor und spielte für ihn. Und Saul beruhigte sich wieder.

David siegt gegen Goliat

„Wählt einen von euch aus und schickt ihn her zu mir ins Tal, damit er gegen mich kämpfen kann!“, schrie der Mann auf der anderen Seite des Tales. „Wenn er gewinnt, werden wir eure Sklaven. Aber wenn ich gewinne, werdet ihr Sklaven und müsst uns dienen. Los jetzt, schickt einen von euren Männern!“

Saul und seine Soldaten hatten schon von Goliat gehört. Er war Soldat und so groß, dass er von allen nur „der Riese“ genannt wurde. Er war drei Meter groß! Und er hatte einen Helm auf und trug eine schwere Rüstung aus Bronze.

Er und sein Volk, die Philister, forderten die Israeliten heraus.

Saul hatte seine Leute versammelt, um gegen sie zu kämpfen. Die beiden Völker standen sich an beiden Berghängen gegenüber, dazwischen lag das Tal.

Als Saul und die Israeliten hörten, was Goliat rief, waren sie starr vor Schreck.

Unter denen, die für Saul kämpften, waren auch drei von Davids Brüdern.

David war nicht dabei. Er war zu Hause bei ihrem Hof und hütete die Schafe, und er wusste nichts von Goliat.

Davids Vater Isai wusste auch nichts von ihm. Aber er war sehr besorgt, weil seine Söhne unterwegs im Krieg waren. Deshalb ging er zu David und sagte:

„Nimm Brot und Käse mit und laufe schnell zu deinen Brüdern ins Lager! Ich will ein Lebenszeichen von ihnen bekommen. Finde heraus, wie es ihnen geht!"

David bat die anderen Hirten, allein für die Schafe zu sorgen, und lief los, so schnell ihn seine Beine trugen.

Als er ankam, legte er sein Gepäck ab und lief zu seinen Brüdern.

Gerade in dem Augenblick trat Goliat wieder vor und rief:

„Schickt einen Mann her, der gegen mich kämpft!"

Alle wichen zurück, als sie ihn sahen. Er war wirklich riesig.

König Saul hatte demjenigen großen Reichtum und die Königstochter zur Frau versprochen, der Goliat besiegen würde.

„Ist das wahr?", fragte David. „Das alles bekommt man, wenn man Goliat erledigt?"

Als Davids Bruder Eliab das hörte, wurde er ärgerlich. Typisch sein kleiner Bruder, der sich wichtigmachen will!

„Was tust du hier?", fragte er David. „Wer sorgt jetzt für deine kleine Schafherde in der Wüste? Ich kenne dich, du frecher Schlingel! Du bist nur gekommen, weil du beim Kampf zuschauen willst."

„Ich habe ja nur gefragt", sagte David.

Saul hörte, dass David gekommen war, und er sagte zu ihm:

„Versuch nur nicht, gegen Goliat zu kämpfen, David. Du bist doch fast noch ein Kind!"

„Ja", sagte David, „und ich hüte Schafe. Als ein Löwe kam, schlug ich ihn tot, um meine Schafe zu retten. Ich habe auch schon einen Bären erlegt. Gott hat mir dabei geholfen. Ich glaube, der lebendige Gott wird mir auch helfen, wenn ich gegen Goliat kämpfe."

Da lieh Saul dem mutigen Jungen seine Rüstung.

Doch mit dem Helm und allem anderen konnte sich David kaum bewegen. Es war einfach zu schwer.

„So kann ich nicht gehen“, sagte David. „Ich habe noch nie eine Rüstung getragen.“

Da legte er sie wieder ab.

Dann sammelte er fünf Steine in einem Bach unten im Tal und verstaute die Steine in seiner Hirtentasche.

Und so ging er ins Tal hinunter und auf der anderen Seite wieder hinauf.

Jetzt stand er Goliat direkt gegenüber.

„Du kommst mir mit Schwert und Speer und Säbel entgegen“, sagte David. „Aber ich komme im Namen Gottes.“

Dann steckte er blitzschnell die Hand in die Tasche und holte einen Stein heraus, den er in seine Schleuder legte.

Er zielte und schoss.

Der Stein traf Goliat direkt an die Stirn, und der Riese fiel um.

David hatte ihn besiegt, obwohl er nicht einmal ein Schwert hatte.

Alle schrien laut vor Verwunderung und Begeisterung. Ein gewöhnlicher Junge, der sonst nur Schafe hütet, hat das Volk gerettet.

David heiratete Sauls Tochter und nach Saul wurde er König.

Er tat viel Gutes, aber manchmal auch Schlechtes. Aber er wurde von seinem Volk geliebt, weil er trotzdem meistens versuchte, sein Bestes zu geben. Und wenn er etwas falsch machte, bereute er es sehr.

Aber am meisten wurde er für seine Lieder geliebt. Der Hirtenjunge, der König wurde, schrieb mehrere hundert Lieder, und die Texte der Lieder gibt es heute noch.

Hiob verliert alles, was er hat

ALS JESUS KLEIN WAR, hörte er jeden Abend die alten Geschichten. Viele handelten von langen Reisen, andere von Königen. Dies ist die Geschichte von Hiob, dem Mann, der alles verlor, was er hatte.

Es begann damit, dass Gott und das Böse eine Wette abschlossen. Das Böse zeigte auf Hiob und sagte zu Gott:

„Sieh, da ist Hiob. Er ist ein guter Mann. Er glaubt an dich, und ihm gelingt alles, was er tut. Er hat es sehr gut. Aber es ist ja auch wirklich leicht, an dich zu glauben, wenn man es so gut hat wie Hiob. Was würde wohl geschehen, wenn er alles verliert? Würde er dann immer noch an dich glauben?"

„Ich wette, er würde es tun", sagte Gott.

So beginnt die Geschichte von Hiob.

Hiob war ein guter und rechtschaffener Mann, den alle gern mochten.

Er wohnte in einem schönen Haus mit seiner Frau und seinen Kindern.

Er hatte viele Arbeiter für seinen großen Grundbesitz. Er achtete sehr darauf, dass sie gut bezahlt wurden und sich nicht zu sehr abrackerten.

Wer einen guten Rat brauchte, ging gern zu Hiob. Er war

klug und glücklich und hatte jeden Tag genug Essen auf dem Tisch.

Hiob glaubte an Gott und war Gott dankbar für all die guten Gaben, die er erhalten hatte.

Doch eines Tages bekam Hiob schreckliche Nachrichten. Mehrere seiner Kinder waren verunglückt. Sie waren tot!

Sein Haus brannte ab.

Räuber und Diebe stahlen seinen ganzen Besitz.

Und er selbst wurde krank.

Er wurde so schlimm krank, dass er nur noch sitzen konnte, und so saß er auf dem Aschenhaufen, der einmal sein schönes Haus gewesen war. Sein Körper war voller Geschwüre und Wunden, und manchmal, wenn sie zu sehr juckten, kratzte er sie mit einer Tonscherbe auf, die er in der Asche gefunden hatte.

Manchmal musste sich seine Frau von ihm abwenden, wenn sie ihn sah.

Die Leute begannen über Hiob zu reden. Vielleicht hat er etwas Schreckliches getan, und Gott will ihn dafür bestrafen? Und wie war das mit Hiobs Glauben?

Ob er den Glauben jetzt auch verliert, wo er doch schon alles andere verloren hat?

„Nein“, sagte Hiob auf seinem Aschenhaufen. „Gott bestraft mich nicht. Ich weiß, dass ich nichts getan habe, wofür Gott mich bestrafen müsste. Und ich denke nicht daran, meinem Glauben an Gott abzuschwören, egal was passiert.“

Einige Freunde von Hiob hörten von seinem Unglück und beschlossen, ihn gemeinsam zu besuchen.

Sieben Tage und sieben Nächte saßen sie neben ihm.

Hiob sagte nichts, so blieben die Freunde auch still.

Schließlich begannen sie zu reden. Sie sagten:

„Aber denk doch mal nach, niemand ist perfekt. Sicher hast du auch etwas Falsches getan. Darum hat es dich jetzt getroffen. Gib es zu und bitte Gott um Vergebung!“

„Das stimmt nicht!“, sagte Hiob. „Ich weiß nicht, warum das alles geschieht. Gott weiß, dass ich nichts Falsches getan habe. Trotzdem kann er mir ein Unglück schicken. Aber ich werde nicht aufhören, an ihn zu glauben. Schaut mich an – ich bin wie ein Halm, wie ein vertrocknetes Blatt. Schatten des Todes haben sich über meine Augenlider gelegt. Alle verlassen mich. Aber ich werde Gott nicht verlassen. Ich will hören, was Gott dazu zu sagen hat. Ich weiß, dass mein Befreier lebt und ich ihn eines Tages sehen werde.“

Dann sagte Hiob zu Gott:

„Gott, antworte mir! Warum muss mir das alles passieren?“

Da zog ein Sturm herauf, und Gott sprach zu Hiob in einem großen Dröhnen.

„Warum fragst du nach Dingen, die zu groß sind für den Verstand eines Menschen?“, sagte Gott. „Weißt du etwa, wie es war, als die Welt entstand? Warst du dabei, als die Sterne angezündet wurden? Hast du jemals ein Krokodil oder ein Pferd erschaffen?“

Da sagte Hiob:

„Ich bin so klein! Was soll ich sagen? Jetzt verstehe ich, dass Gott so viel größer ist als Glück und Unglück. Früher habe ich nur etwas über dich gehört, doch jetzt bin ich dir selbst begegnet. Ich lege die Hand auf meinen Mund. Ich habe von Dingen gesprochen, die ich nicht verstehe.“

Gott sagte:

„Du sollst vieles von dem, was du verloren hast, zurückbekommen, weil du trotz allem an mir festgehalten hast. Aber deine Freunde haben sich geirrt, als sie glaubten, ich würde dich strafen. Man kann von Unglück und schrecklichen Dingen getroffen werden, auch wenn man ein guter Mensch ist. Ich bin bei dir und ich werde dich niemals aufgeben.“

Das geschah, so wird erzählt, als das Böse mit Gott wetten wollte. Gott gewann die Wette. Hiob hörte nicht auf, an Gott zu glauben.

Hiob wurde wieder gesund. Er bekam sein Haus zurück und sein Land grünte und blühte wieder.

Und er bekam drei Töchter, die er sehr lieb hatte. Das merkt man an den Namen, die er ihnen gab.

Willst du wissen, wie sie hießen?

Sie hießen Zimtblüte, Täubchen und Schminkhörnchen.

Jona reist nach Ninive

Jona war ein Mann wie die meisten anderen Männer. Aber eines Abends kam er nach Hause und sah aus, als hätte er in irgendetwas den ersten Preis gewonnen.

„Was meinst du? Ob mir ein Bart stehen würde?“, fragte er seine Frau.

„Ein Bart?“, fragte seine Frau zurück. „Warum denn das?“

„Propheten haben einen Bart“, sagte Jona. „Vielleicht werde ich Prophet. Ich glaube, dass Gott zu mir gesprochen hat. Er hat gesagt: Reise nach Ninive und sage den Menschen dort, dass sie sich ändern müssen! Sonst wird die ganze Stadt untergehen. Ihr streitet euch ständig. Ihr nehmt das Geld von den Armen und vergiftet euch gegenseitig eure Brunnen. Ihr seid dabei, alles zu zerstören, und selbst die Tiere werden bei euch schlecht behandelt.“

Ein Prophet ist jemand, der anderen etwas Wichtiges sagt – weil er ihnen eine Botschaft von Gott bringt. Oft geht es darum, dass etwas in dieser Welt nicht in Ordnung ist und sich ändern muss. Wenn der Prophet redet, muss manchmal sogar der König zuhören.

„Ninive“, sagte Jonas Frau. „Liegt das nicht im Ausland?“

„Genau, so ist es“, sagte Jona. „Ich muss eine Schiffsreise buchen. Morgen geht es los.“

„Bis dahin wirst du keinen Bart haben," sagte seine Frau, die sehr praktisch veranlagt war.

Spät am Abend lag Jona im Bett und begann zu grübeln.

Im Ausland, dachte er. Die Menschen in Ninive finden es vielleicht gar nicht gut, wenn ein fremder Prophet kommt und ihnen sagt, dass sie sich ändern müssen. Vielleicht ärgern sie sich. Vielleicht werden sie mich verprügeln.

„Was ist los, Jona?", fragte seine Frau, als sie merkte, dass er sich im Bett hin und her wälzte.

„Es geht mir nicht gut", sagte Jona. „Genauer gesagt, überhaupt nicht gut! Vielleicht habe ich etwas gegessen, was mir nicht bekommen ist. Wenn ich mir die Sache näher überlege, dann hat Gott mir wohl doch nicht gesagt, dass ich nach Ninive gehen soll, um mit Menschen zu reden, die ich überhaupt nicht kenne. Das habe ich mir sicher alles nur eingebildet. Ich bin einfach etwas überspannt. Und furchtbar müde. Ich sollte besser verreisen und mich erholen. Aha! Das war es, was Gott mir sagen wollte, ganz bestimmt!"

Früh am nächsten Morgen stand Jona auf und buchte seine Schiffsreise um.

Er wählte ein Schiff, das in die entgegengesetzte Richtung fuhr, so weit entfernt von Ninive wie möglich. Er ging sofort an Bord und legte sich in seine schöne Kabine, um sich zu erholen.

Als Jona schlief, erhob sich ein starker Sturm.

Er blies so stark, dass der Kapitän Angst hatte, das Schiff würde untergehen. Er rief die Besatzung zusammen, um alle Ladung und alles unnötige Gepäck über Bord zu werfen, weil sich das Schiff gefährlich auf die Seite neigte.

Aber es half nichts.

Einer der Seeleute sagte:

„Der Mann, der in seiner Kabine schläft, kommt mir verdächtig vor. Dem haben wir das Unglück zu verdanken. Seinetwegen stürmt es so."

Mitten in der Nacht klopfte es an Jonas Kabinentür. Jona war irritiert, aber er öffnete.

„Ein gewaltiger Sturm ist aufgezogen", rief der Kapitän.

Jona verstand sofort, was passiert war.

„Ich habe zwar die Fahrkarten für die Kabine bezahlt", rief er, „aber es ist wohl das Beste, wenn ihr mich über Bord werft!"

„Das können wir nicht tun!", rief der Kapitän.

Er befahl seinen Leuten, Richtung Land zu rudern, aber sie kamen nicht vorwärts. Der Sturm wurde immer schlimmer.

„Wenn ihr wollt, dass der Sturm aufhört, müsst ihr mich über Bord werfen!“, schrie Jona.

Da packten ihn einige starke Seeleute, hoben ihn hoch und warfen ihn ins Wasser.

Und sofort beruhigte sich der Sturm.

Und was geschah dann mit Jona?

Er geriet in den Bauch eines großen Fisches, stell dir vor! War das jetzt sein Ende? Er hatte schreckliche Angst und betete zu Gott:

„Hilf mir! Hol mich hier raus!“

Der große Fisch schwamm schnell und lange, aber Jona in seinem Bauch war ihm unangenehm. So schwamm er am dritten Tag in die Nähe des Ufers und spuckte ihn aus.

Jona war nass – aber gerettet.

Als er wieder auf den Beinen stehen konnte, sah er ein großes Schild vor sich: „Willkommen in Ninive!“

Der Fisch war in eine völlig andere Richtung als das Schiff geschwommen – direkt nach Ninive.

„Ich gebe auf“, sagte Jona zu Gott. „Wenn meine Kleider trocken sind, gehe ich in die Stadt und sage ihnen, sie sollen sich ändern. Sonst geht die Stadt unter, oder wie war das noch?“

Sonderbarerweise waren die Leute nicht ärgerlich, als Jona zu ihnen sprach. Sie sahen alle sehr ernst aus, gingen nach Hause und dachten nach. Sogar der König.

Und dann beschlossen alle Menschen in der Stadt, sich zu ändern.

Sie gingen zu ihren Nachbarn und baten um Vergebung. Sie zahlten das Geld zurück, das sie von den Armen genommen hatten. Sie hörten auf, ihre Esel zu schlagen, und gaben ihnen besseres Futter.

Um zu zeigen, dass sie es wirklich ernst meinten, zogen sie sich schwarze Kleidung an, fasteten drei Tage und beteten zu Gott um Hilfe. Sogar die Tiere kleideten sich in Schwarz, um zu zeigen, dass auch sie dazugehörten.

Jona war zufrieden, als er merkte, dass seine Rede den gewünschten Erfolg hatte.

Jetzt muss ich nur noch auf den Untergang warten, dachte er. Die Stadt soll ja zerstört werden, so hat es Gott gesagt.

Er nahm sich vor, gleich am nächsten Morgen einen schönen Aussichtsplatz außerhalb der Stadt aufzusuchen. So würde er sehen, wie alles zerstört wird. So etwas erlebt man schließlich nicht jeden Tag!

Jona wartete und wartete den ganzen Tag, aber kein Haus stürzte zusammen. Kein Feuersturm kam und verheerte die Stadt.

Es geschah nichts, außer dass die Sonne am Himmel emporstieg und in unglaublichem Tempo ein Busch wuchs, direkt neben Jona, und ihm Schatten spendete.

Die Vögel zwitscherten, und in der Stadt wurde gefeiert. Alle Menschen und Esel und Katzen und alle anderen dankten Gott für seine Hilfe.

Da begann Jona, sich über Gott zu ärgern.

„Kein Untergang! Ist das der Dank für all die Mühe, die ich auf mich genommen habe? Ich habe die teure Schiffsreise bezahlt, ich bin seekrank geworden, und das war längst nicht alles! Und jetzt muss ich mich schämen, weil meine Vorhersage nicht eingetroffen ist. Und schau dir das an, jetzt verwelkt auch noch der Busch, der mir bis eben Schatten gespendet hat!“

„Dir tut der Busch leid“, sagte Gott zu Jona. „Das ist gut. Ich war es, der ihn erschaffen hat, und zwar für dich. Aber sollten mir, der ich Gott bin, nicht auch die Menschen in

Ninive leidtun? Hier leben Hunderttausende Menschen – gar nicht zu reden von all den Tieren! Ich will nicht, dass sie sterben müssen, sondern dass sie sich ändern."

Was meinst du, was Jona dann tat?

Ob er wohl wieder nach Hause fuhr und sich rasierte? Dazu war er schließlich seit mehreren Tagen nicht mehr gekommen.

Die Propheten warnen und trösten

Jona war nicht der Einzige, der Prophet wurde. Es gab auch Propheten, die zu Hause blieben und dort auf den Straßen verkündeten, was Gott seinem Volk sagen wollte.

Manchmal waren das Warnungen: Ändert euer Leben jetzt! Seid füreinander da! Sorgt für die Fremdlinge! Seid nicht geizig! Gott hat euch versprochen, bei euch zu sein und euch zu helfen, darum geht auch ihr verantwortlich miteinander um!

Prophet zu sein war oft nicht besonders angenehm. Propheten, so war die Meinung vieler Menschen, sind viel zu ernst und reden nur von Unglücken, die das Land treffen sollen. Sie lachten über die Propheten, und manchmal warfen sie einfach einen Propheten für eine Weile ins Gefängnis, um nicht mehr auf ihn hören zu müssen.

Es gab Frauen und Männer, die Propheten wurden. Frauen nannte man Prophetinnen.

David bekam einen Sohn, den er Salomo nannte.

Als Salomo König wurde, baute er einen großen Tempel in Jerusalem, der größten Stadt Israels.

Aber nach dem Tod von Salomo, als andere Könige an die Macht kamen, sah es für Israel gar nicht mehr so gut aus.

Große und mächtige Nachbarvölker bereiteten sich auf einen Krieg gegen das Land vor.

Die Propheten warnten, dass etwas Schreckliches passieren könnte. Doch kaum jemand hörte ihnen richtig zu.

Schließlich passierte tatsächlich das Schreckliche, von dem die Propheten gesprochen hatten. Der König von Babylon griff Israel an und siegte. Der Tempel wurde zerstört, und ein großer Teil des Volkes wurde in die Gefangenschaft nach Babel geführt.

Das wurde für alle eine schwere Zeit.

Irgendwann begannen die Israeliten, die jetzt in Babylon lebten, besondere Versammlungshäuser zu bauen, in denen sie zu Gott beten und singen konnten. Diese Häuser nannten sie Synagogen. Dort lasen sie zusammen aus den alten Schriften und sprachen von der Hoffnung, eines Tages nach Israel zurückzukehren.

Und einige Propheten sprachen zu ihnen über Trost und Hilfe von Gott.

Einer von ihnen hieß Jesaja. Er sagte:

„Es wird eine neue Zeit kommen, in der die Tränen unseres Volkes getrocknet werden und alle wieder vor Freude tanzen können. Gott wird seinen Diener senden, und er wird uns aus aller Not retten. Dann wird wieder Frieden sein."

Jesaja sagte auch diese Worte:

Das Volk, das im Dunkeln wandert,
sieht ein großes Licht.
Über denen, die in der Finsternis wohnen,
leuchtet ein helles Licht auf.
Ein Kind wird geboren, ein Sohn kommt zu uns.
Die Herrschaft ruht auf seiner Schulter.
Und das sind seine Namen:
Weiser Herrscher, göttlicher Held, ewiger Vater, Friedefürst.

Dort in der Fremde in Babylon entstand eine tiefe Sehnsucht, die Sehnsucht nach einem Kind, das aufwächst und eines Tages der neue König des Volkes wird. Das Kind, das Frieden bringt: der Messias.

Sacharja, ein anderer Prophet, sagte:

„Jauchze vor Freude, Jerusalem! Dein König kommt zu dir. Er ist kein gewöhnlicher König, der auf einem Kriegspferd kommt. Er kommt als einfacher Mensch und reitet auf einem Esel. Die Kriegswaffen werden vernichtet. Er verkündet Frieden für das Volk, und seine Herrschaft reicht von Meer zu Meer, vom großen Fluss bis zum Ende der Welt.“

Teil 3

Dies ist der dritte Teil der Geschichte von einem Freund vom Himmel.

Im ersten Teil wurde erzählt, wie Jesus auf die Erde kam. Jesus, der Freund vom Himmel.

Im zweiten Teil wurde erzählt, was vorher geschah, bevor Jesus kam.

Im dritten Teil erfahren wir jetzt, wie Jesus zeigt, dass Gott alle Menschen liebt und sich um sie kümmert. Gott liebt alle Menschen? Manche sagen: Toll, das ist ja das Himmelreich auf der Erde.

Jesus ist gekommen, um der Freund von allen Menschen zu werden. Geht das überhaupt? Einige meinen, das geht nicht. Ein Freund von allen Menschen, das ist unmöglich.

Andere haben Angst vor Dingen, die Jesus sagt: Wie kann Jesus behaupten, das Himmelreich ist nicht im Himmel, es ist nicht hier oder dort, sondern es ist in uns?

Und seine Jünger? Erst ganz allmählich verstehen sie, wer Jesus wirklich ist.

Jesus reitet in Jerusalem ein

In dem Land, in dem Jesus lebte, fließt der Fluss Jordan. Alle Flüsse beginnen irgendwo, als kleine Bäche und Rinnsale, die sich vereinigen und weiterfließen, bis es ein großer, breiter Fluss wird. Genauso ist es auch beim Jordan.

Jesus und seine Freunde waren einige Jahre lang durch das Land gezogen. Jesus hatte von Gottes Reich erzählt, und sie hatten viele Menschen getroffen.

An diesem Tag saßen sie im Schatten einiger Bäume und Büsche und ruhten sich aus, direkt neben den Quellen des Jordan. Das Wasser war frisch und rein, und die Vögel saßen zwischen den Blättern und sangen. Es war ein herrlicher Tag, aber Jesus sah sehr ernst aus.

„Jetzt werden wir uns auf den Weg nach Jerusalem machen", sagte er.

„Müssen wir das wirklich?", fragte Petrus. „Du hast dort doch so viele Feinde."

„Ja, ich muss", sagte Jesus. „Die Propheten haben gesagt, dass der Menschensohn nach Jerusalem geht, um seine Feinde zu treffen. Sie werden ihn gefangen nehmen und töten. Aber nach drei Tagen wird er wieder leben. Er gibt sein Leben für andere. Die Feinde sind nicht unser größtes Problem. Wir sollen für unsere Feinde beten und ihnen vergeben."

Petrus verstand, dass Jesus von sich selbst redete, als er vom Menschensohn sprach.

„Ich verstehe nicht, warum wir nach Jerusalem gehen sollen“, sagte Petrus. „Das ist doch gefährlich! Und überhaupt, gerade jetzt läuft alles so gut für uns!“

„Was glaubst du, wer ich bin?“, fragte Jesus.

„Ich … ich glaube, dass du der Messias bist“, sagte Petrus.

„Das muss Gott dir gezeigt haben“, sagte Jesus. „Höre, was in den Schriften steht: Der Menschensohn wird nach Jerusalem gehen, um zu sterben, aber nach drei Tagen wird Gott ihn wieder zum Leben erwecken.“

Petrus hörte nur das Wort „sterben“ und war sofort völlig verzweifelt.

„Das wird nicht passieren! Du sollst nicht sterben!“, rief er.

„Hindere mich nicht daran!“, sagte Jesus streng.

Es wurde ganz still unter den Jüngern, als sie langsam hinter Jesus Richtung Jerusalem gingen.

An allen Berghängen sprossen rote Frühlingsblumen, und an den Wegen leuchteten die gelben Blüten von Ginsterbüschen. Spatzen zwitscherten in den Büschen.

Jesus hatte einmal gesagt, dass wir die Vögel und Blumen ansehen und von ihnen lernen sollen.

Sie machen sich niemals Sorgen, hatte er gesagt.

So macht ihr euch keine Sorgen, was am nächsten Tag

passieren könnte!, hatte Jesus zu den Scharen von Menschen gesagt. Die Blumen und Vögel fragen nie: Was sollen wir essen? Wie sollen wir uns anziehen? Was wird morgen sein? Sie wissen, dass Gott für sie sorgt. So wie Gott für einen Spatz sorgt, so wird er es auch für euch tun, meint ihr nicht?

Da hatte noch alles so leicht ausgesehen.

Aber jetzt machten sich die Freunde wirklich Sorgen.

Wie sollten sie das verstehen? Wenn Jesus der Messias war, warum könnte er dann nicht einfach alle seine Feinde besiegen und König von dem Land werden?

Als sie sich der Stadt näherten, ließ Jesus einen Esel ausleihen. Er setzte sich darauf und ritt direkt zum Stadttor.

Wenn ein König nach Jerusalem kam, dann kam er normalerweise auf einem schönen Kriegspferd in die Stadt geritten. Hinter ihm ritten seine Hofleute, in schönen Kleidern und prächtigen Rüstungen. Die Schwerter und Schilder glänzten in der Sonne, und oft schlug jemand die Trommel oder blies in ein Horn, damit allen klar wurde: Hier kommt die wichtigste Person des Königreiches.

Ein Esel dagegen wäre so ziemlich das Letzte gewesen, was sich ein König hätte vorstellen können. Esel waren die Tiere der armen Leute. Sie arbeiteten hart und waren oft staubig und müde, weil sie schwere Reisigbündel, Wein in großen Krügen oder Stoffballen tragen mussten.

Als Jesus kam, glänzte kein Schwert in der Sonne, und nur ein Esel trabte treu Richtung Stadttor.

Und wo waren die stolzen Hofleute?

Es waren nur ein paar Frauen und Männer zu sehen, die ihren Arbeitsplatz und ihre Familien verlassen hatten, um mit der Botschaft vom Himmelreich durch die Dörfer und Städte zu ziehen. Sie gingen zu Fuß hinter Jesus her.

Niemand von ihnen trug rote Stiefel mit schwarzen Bändern wie die ranghöchsten Soldaten. Sie hatten nur einfache Sandalen.

Kinder liefen barfuß herum.

Eine Frau erinnerte sich plötzlich daran, was der Prophet Sacharja geschrieben hat: „Dein König kommt zu dir, und er reitet auf einem Esel …“ Sie flüsterte:

„Der dort, der gerade kommt, der reitet ja auf einem Esel!“

Das Flüstern verbreitete sich von Ohr zu Ohr, und viele stellten sich an den Weg.

Niemand schlug die Trommel oder blies in ein Horn. Aber die Kinder liefen vor, sangen und riefen Hurra.

Auch die Jünger und die vielen Menschen, die jetzt am Weg standen, begannen zu singen. Es sah aus, als würden sie alle ein Fest feiern.

„Hosianna!“, riefen die Kinder.

Andere stimmten in den Ruf ein.

Es war ein Wort aus einem alten Lied und bedeutet „Gott, hilf uns!“ oder „Lass alles gut werden!“

„Hosianna, Davids Sohn! Gesegnet sei der, der im Namen des Herrn kommt!“

Mehr und mehr Menschen kamen dazu, sie brachen Zweige von den Bäumen und schwenkten sie hin und her.

Einige liefen vor und breiteten schöne Tücher auf dem Weg vor dem Esel aus. Das tat man damals, wenn ein König kam.

Mehrere Schriftgelehrte hörten das Singen und Rufen und beeilten sich, um zu sehen, was los war.

Ihre Gesichter verfinsterten sich, als sie mitbekamen, dass es Jesus war, der da in die Stadt kam.

Als er an ihnen vorbeiritt, sagten sie zu ihm:

„Die Leute, die dir folgen, machen ja einen furchtbaren Lärm. Kannst du ihnen nicht sagen, dass sie mit dem Singen und Rufen aufhören sollen?"

Da zeigte Jesus auf die hohen Stadtmauern, die reich verzierten Häuser und den prächtigen Tempel.

„Wenn die, die mir folgen, schweigen, dann werden diese Steine rufen und schreien", sagte er.

„Was meint er wohl damit?", fragten sich die Schriftgelehrten. „Will er die ganze Stadt niederreißen? Oder etwa den Tempel zerstören? Wir müssen diesen Mann im Blick behalten. Wir müssen unbedingt herausfinden, wo er sich aufhält."

Jesus kommt zum Tempel

Jesus stieg vom Esel und ging in den großen Tempel, in dem er schon vor vielen Jahren als Zwölfjähriger gewesen war.

In den äußeren Tempelhöfen saßen Händler und wechselten Geld, damit alle Besucher Opfertiere kaufen konnten. Sicher gab es auch noch viele andere Dinge, die man dort kaufen konnte.

Jesus war empört, als er das sah.

Er ärgerte sich so sehr, dass er auf einige der Händler zulief und ihre Tische umwarf.

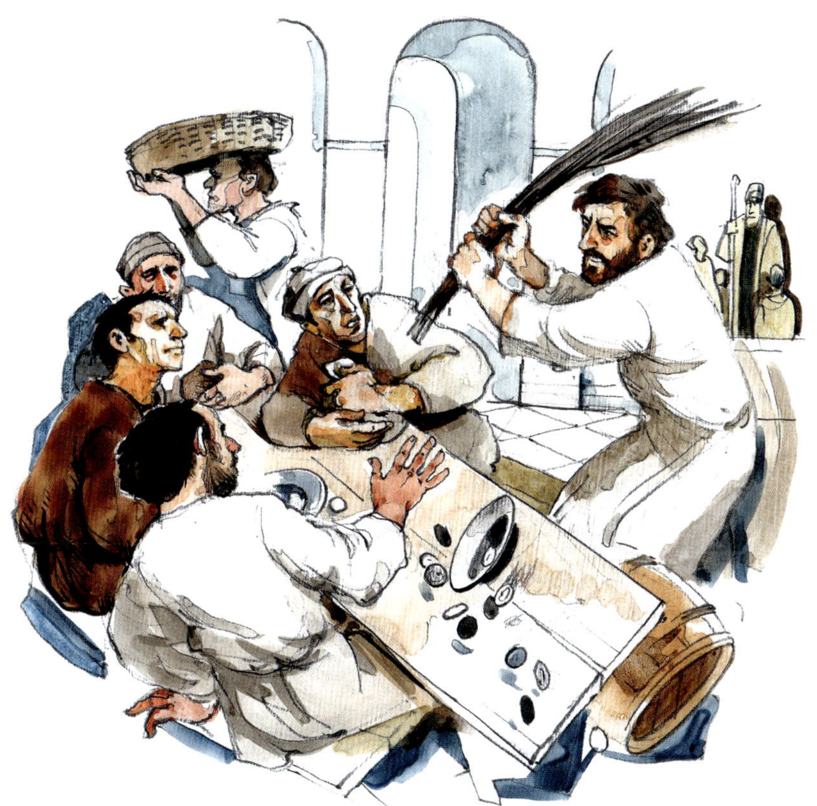

Das Geld fiel klirrend hinunter auf den Steinboden, Tauben flatterten empor und Händler schrien.

„Gott hat in den Schriften gesagt, dass sein Haus ein Haus zum Beten sein soll!“, rief Jesus. „Aber ihr habt es zu einer Räuberhöhle und einem Marktplatz gemacht!“

Dann setzte er sich in einen Säulengang und erzählte den Menschen vom Reich Gottes.

Das tat er mehrere Tage lang.

„So kann es nicht mehr weitergehen“, murrten die Anführer des Volkes, die Jesus nicht mochten. „Wir müssen diesen Mann aus Galiläa aus dem Weg räumen. Er macht uns nur Probleme. Es kann einen Aufruhr geben, und dann werden die Römer eingreifen.“

Aber sie wussten nicht, wie sie vorgehen sollten, denn eine große Menge Menschen drängte sich um Jesus herum und hörte ihm zu.

Die vielen Zuhörer wären bestimmt wütend, wenn Jesus verhaftet würde.

Sie versuchten es anders und stellten Jesus knifflige Fragen. Aber er antwortete so gut, dass sie ihm nichts vorwerfen konnten.

Der letzte Abend mit den Freunden

VIELE, VIELE MENSCHEN KAMEN nach Jerusalem, um das größte Fest des jüdischen Volkes zu feiern: Pascha, das jüdische Osterfest. Die Stadt war proppenvoll, und alle wollten die Erinnerung daran feiern, dass Gott sein Volk vor langer Zeit aus Ägypten in die Freiheit geführt hatte.

Viele der Besucher sprachen in diesen Tagen immer wieder von Gottes großem Versprechen: Der Befreier, der Messias, wird kommen und uns noch einmal retten, und wir werden für alle Zeit frei sein.

Das Gedränge in den Straßen und Gassen war so groß, dass die römischen Soldaten gezwungen waren, jeden Winkel der Stadt besonders sorgfältig zu bewachen. So viele Menschen an einem Ort, das konnte schnell zu Radau und Chaos führen.

Ganz besonders am Paschafest erinnern sich viele daran, wie wichtig die Freiheit für die Menschen ist. Plötzlich kommt noch jemand auf den Gedanken, das Volk von uns zu befreien, dachten die römischen Soldaten. Aber das werden wir in jedem Fall verhindern!

Auch die Priester und Schriftgelehrten hatten Angst, jemand würde etwas tun oder sagen, was nicht mit den heiligen

Schriften übereinstimmt. Sie waren der Meinung, dass Jesus schon viel zu viel getan hatte, was falsch oder gefährlich war. Und das Schlimmste war: Viele glaubten, dass Jesus der Messias war, der Sohn des Höchsten.

Jesus und seine Freunde wollten sich in einem Haus auf dem Berg Zion treffen, um das Paschafest miteinander zu feiern und gemeinsam zu essen. Sie waren sehr vorsichtig und hatten gewartet, bis es dunkel war.

Ein guter Freund hatte ihnen dort einen Raum zur Verfügung gestellt und sie heimlich zu dem Haus geführt.

„Ich hatte große Sehnsucht danach, mit euch diese Mahlzeit zu feiern", sagte Jesus, als alle eingetroffen waren. „Ich werde euch verlassen, aber habt keine Angst! Ihr werdet mich wiedersehen. Und ich werde euch den Geist senden, Gottes Kraft und Leben. Gottes Geist wird in euch wohnen und euch helfen. Gottes Geist wird euch an alles erinnern, was ich gesagt und getan habe."

Dann nahm Jesus eine Schüssel mit Wasser und kniete sich nieder, um seinen Freunden die Füße zu waschen.

Das taten sonst nur die Sklaven.

Kein Anführer oder Meister, so wie Jesus!

Petrus war ganz erschrocken und zog seine Füße weg.

„Niemals im Leben sollst du meine Füße waschen", sagte er zu Jesus.

„Aber nur so kann ich mit dir verbunden sein“, antwortete Jesus.

„Wenn das so ist, dann wasche mich ganz!“, rief Petrus.

Die anderen lachten.

Als Jesus allen die Füße gewaschen hatte, sagte er:

„Ihr wisst, wer ich bin. Ich bin euer Meister. Aber jetzt habe ich euch gezeigt, wie ihr handeln sollt. Ihr sollt nicht versuchen, am größten zu sein. Behandelt eure Mitmenschen so, wie ich es getan habe! Groß seid ihr, wenn ihr den anderen dient.“

Dann begann das Paschamahl. Jesus nahm das Brot und brach es so in einzelne Teile, dass jeder ein Stück davon bekam.

„Das ist mein Leib“, sagte er. „Ich gebe mein Leben für euch. Immer, wenn ihr dieses Brot esst, denkt an mich!“

Dann nahm er den Becher mit Wein und gab ihn herum, sodass jeder davon trinken konnte.

„Das ist mein Blut, das für viele Menschen zur Vergebung ihrer Sünden gegeben wird. Ich bin gekommen, um alle Kinder Gottes zusammenzurufen, damit niemand einsam oder verlassen sein muss. Immer, wenn ihr aus dem Becher trinkt, denkt an mich! Ihr nennt mich Meister, aber ich nenne euch nicht Diener. Ihr seid meine Freunde. Wenn ihr zusammenhaltet und einander liebt, wird die Welt verstehen, dass der Vater und ich eins sind. Ich gebe mein Leben für die Welt.“

Alle waren jetzt ganz still und ernst. Jesus sprach vom Tod und dann wieder vom Leben und davon, sein Leben zu geben. Was er wohl damit meinte? Manchmal war es wirklich schwer, ihn zu verstehen.

Jesus schwieg auch eine Weile. Dann sagte er:

„Einer von euch wird mich verraten."

Einer der Jünger, er hieß Judas, stand schnell auf und ging hinaus. Aber das haben die anderen wohl gar nicht bemerkt. Sie riefen alle durcheinander:

„Ich bin es nicht, Jesus. Sag doch, dass ich es nicht bin!"

Petrus sprang auf und rief mit hochrotem Kopf:

„Meister, ich liebe dich. Auch wenn alle anderen dich verlassen, ich werde es niemals tun! Ich würde sogar mein Leben für dich geben!"

Jesus blickte ihn lange an, dann sagte er:

„Noch bevor diese Nacht zu Ende geht und der Hahn in der Morgendämmerung kräht, wirst du mich verleugnen und beteuern, dass du mich nicht kennst. Und zwar dreimal."

Dann wandte er sich allen zu, die am Tisch saßen, und sagte:

„Jetzt müssen wir gehen!"

Jesus geht mit seinen Jüngern nach Getsemani

Nach dem Paschamahl ging Jesus mit seinen Freunden den Berg Zion hinunter zu einem alten Garten, der „Weinberg des Königs“ genannt wurde.

Jesus hatte nicht gesagt, was er vorhatte, und niemand fragte ihn danach. Aber sie gingen hinter ihm her.

Aus dem Hinnomtal, wo die Abfälle der Stadt verbrannt wurden, wehte ein strenger Geruch herüber. Es war ein wenig kühl und stockfinster.

Sie kamen zu einem Garten am Fuß des Ölbergs. Dort gingen sie hinein.

Der Garten hieß Getsemani und war voll von schönen Blumen und Büschen und großen Olivenbäumen.

Jesus ging ein Stück zur Seite, um bei einem der Bäume zu beten.

„Wartet hier“, sagte er den anderen. „Und bleibt wach!“

Einige der Freunde sahen, wie er sich auf den Boden warf, und sie hörten, was er Gott sagte. Er nannte Gott „Abba“, das heißt Papa. Sie hatten noch nie gehört, dass jemand Gott so anredete. Alle anderen sagten „Herr“ oder „Höchster“, wenn sie zu Gott beteten.

„Papa“, sagte Jesus.

Die Freunde merkten, dass er Angst hatte. Er schwitzte, und auf seiner Stirn standen Schweißtropfen, die fast so aussahen wie Blutstropfen.

„Papa, ich schaffe das nicht. Wenn es irgendwie möglich ist, lass mich verschont bleiben! Kannst du das nicht beenden? *Ich will nicht sterben!*“

Seine Freunde waren inzwischen vor Müdigkeit und Angst total erschöpft. Sie versuchten zwar, sich wach zu halten, doch einer nach dem anderen schlief ein.

Als Jesus zu ihnen zurückkam, sah er, dass sie schliefen.

„Könnt ihr denn nicht für mich eine Weile wach bleiben?“, fragte er traurig.

Er ging wieder zu dem Baum.

Eine Zeit lang war es still.

Dann hörte einer der Freunde, wie Jesus sagte:

„Es soll so kommen, wie du willst, Papa. Nicht wie ich will.“

In diesem Augenblick waren im Garten Lichter zu sehen, weil sich eine Menge Fackeln und Laternen näherten.

Ein Trupp Soldaten kam genau in ihre Richtung.

Bei den Soldaten war Judas. Er hatte sich vom Paschamahl fortgeschlichen und den Führern des Volkes berichtet, wo sie Jesus finden und gefangen nehmen können.

Die meisten Soldaten hatten Jesus noch nie gesehen. Außerdem war es ja dunkel. Deshalb hatte Judas versprochen, Jesus auf die Wange zu küssen als Zeichen, dass er es ist, den sie gefangen nehmen sollen. Als Judas Jesus entdeckte, ging er zu ihm und küsste ihn.

„Verrätst du den Menschensohn mit einem Kuss?“, fragte Jesus.

Petrus und die anderen wollten Jesus verteidigen. Einige hatten Waffen dabei. Petrus trug ein Schwert. Er schlug wild um sich und haute dabei einem der Soldaten ein Ohr ab.

Aber Jesus sagte:

„Es reicht. Steckt eure Waffen wieder ein!“

Er nahm das Ohr des Soldaten und setzte es ihm wieder an. Dann sagte er zu den Soldaten:

„Ihr seid mit Schwertern und Knüppeln gekommen, als wäre ich ein Räuber. Ich war doch jeden Tag im Tempel. Warum habt ihr mich dort nicht geholt? Das ist jetzt wohl für euch die beste Zeit – jetzt, wo die Dunkelheit herrscht.“

Als die Freunde kapierten, dass Jesus gar nicht daran dachte, Widerstand zu leisten, liefen sie davon und ließen Jesus allein mit Judas und den Soldaten zurück.

Einer der Freunde, der jüngste von allen, wurde von einem Soldaten festgehalten. Doch er schlängelte sich aus seiner Kleidung und rannte halb nackt in die Dunkelheit, weil er so große Angst hatte.

Die Soldaten ergriffen Jesus und brachten ihn zum Haus des Hohenpriesters.

Petrus folgte ihnen in sicherem Abstand.

Jemand hatte mitten im Hof ein Feuer gemacht. Drumherum saßen jetzt einige Soldaten. Hier draußen war es in der Nacht ziemlich kalt, und sie wussten nicht, wie lange sie noch warten sollten.

Auch Petrus begann zu frieren, und so rückte er näher ans Feuer.

Da sah ihn ein Dienstmädchen im Feuerschein, schaute ihn genau an und sagte:

„Der Mann da gehört auch zu ihm."

Aber Petrus stritt es ab. Er schüttelte kräftig den Kopf:

„Nein, ich kenne ihn nicht!"

Eine Weile später kamen noch mehr Leute, um sich am Feuer zu wärmen, und einer von ihnen sah Petrus und sagte:

„Du gehörst doch auch zu ihnen!"

Petrus antwortete:

„Nein, das ist nicht wahr."

Noch mehrere drängten sich zum Feuer, und einer von ihnen sagte:

„Aber natürlich war der dabei. Hör doch nur, wie er spricht! Er stammt auch aus Galiläa."

Aber Petrus sagte:

„Ich weiß gar nicht, was du willst."

In dem Augenblick, als er das sagte, krähte ein Hahn. Die Nacht ging zu Ende, und Petrus hatte Jesus dreimal verleugnet.

Jesus, der ein Stück weiter im Hof stand, drehte sich um und sah Petrus an. Da lief Petrus vom Feuer weg in die Dunkelheit und weinte.

Aber Jesus war noch immer im Hof, und die Wachen misshandelten ihn und machten sich über ihn lustig. Sie verbanden ihm die Augen. Dann schlugen sie ihn und riefen:

„Na, wer hat dich geschlagen? Du musst es doch wissen, wenn du ein Prophet bist!"

Jesus wird gekreuzigt und stirbt

Wenn die römischen Herrscher jemanden, der ihnen gefährlich wurde, bestrafen wollten, dann verurteilten sie ihn oder sie zum Tod durch Kreuzigung. Das war damals die schlimmste Strafe.

Oft musste der Verurteilte einen großen Holzbalken den ganzen Weg zum Richtplatz tragen. Er war so schwer, dass es die Kräfte der meisten überforderte.

Der Balken wurde oben auf einem Holzpfahl befestigt. Die ausgestreckten Arme wurden am Balken festgebunden oder angenagelt. Die Füße wurden am Pfahl festgebunden oder angenagelt.

Dann wurde das Kreuz aufgerichtet.

Wer am Kreuz hing, starb normalerweise durch Ersticken, aber das konnte mehrere Stunden dauern.

Pilatus hatte entschieden: Jesus soll gekreuzigt werden.

Der Hügel, auf dem die Verurteilten hingerichtet wurden, lag etwas außerhalb von Jerusalem.

Er hieß Golgota, Schädelhügel, denn der Hügel hatte die Form eines Schädels.

Die Soldaten nagelten Jesus an ein Kreuz, auf dem oben ein Schild befestigt war. Das hatte Pilatus befohlen. Auf dem Schild stand „Jesus, König der Juden“.

Gleichzeitig wurden noch zwei andere Gefangene gekreuzigt. Beide waren Verbrecher.

Die Soldaten verspotteten Jesus und riefen:

„So sieht kein König aus! Anderen hast du geholfen, aber dir selbst kannst du nicht helfen!"

Sie teilten seine Kleidung unter sich auf und würfelten um seinen schönen langen Umhang.

Auch einer der Verbrecher verspottete Jesus und sagte:

„Wenn du so große Wunder getan hast, warum steigst du dann nicht vom Kreuz herab und befreist dich selbst? Oder kannst du das nicht?"

Doch der andere Verbrecher sagte:

„Rede nicht so! Wir beide hängen hier, weil wir die Strafe für unsere Taten verdient haben. Aber der dort, der ist unschuldig."

Dann wandte er sich zu Jesus und sagte:

„Bitte denke an mich, wenn du in dein Reich kommst!"

„Eins sollst du wissen", antwortete Jesus. „Ich werde nicht nur an dich denken. Heute wirst du mit mir im Paradies sein."

Maria, die Mutter von Jesus, stand neben dem Kreuz, zusammen mit Maria von Magdala und dem Jünger Johannes. Das war die schwerste Stunde in Marias Leben. Jesus sah sie und sagte:

„Johannes, sorge du für Maria! Sie soll deine Mutter sein. Maria, nimm ihn als deinen Sohn an!"

Maria von Magdala sagte nichts, aber sie blieb die ganze Zeit dort. Wie furchtbar alles auch sein mochte, sie würde Jesus nie verlassen. Sie hatte ihn auf vielen seiner Wanderungen begleitet, und er hatte sie von einer schweren Krankheit geheilt.

Jesus wurde jetzt immer schwächer. Trotzdem versuchte er noch etwas zu sagen.

„Ich habe Durst."

Die Soldaten streckten ihm eine Stange entgegen, an der ein Schwamm befestigt war. Der Schwamm war nicht mit frischem Wasser getränkt, sondern mit Essig.

Dann betete Jesus für seine Feinde:

„Vater, vergib ihnen, denn sie wissen nicht, was sie tun!"

Es wurde dunkel, obwohl es mitten am Tag war. Eine Sonnenfinsternis hüllte das Land in Dunkelheit.

Jesus rief laut einige Worte aus einem Lied von König David:

„Mein Gott, mein Gott, warum hast du mich verlassen?"

Dann sprach er das Gebet, das alle Kinder in Israel beteten, bevor sie einschliefen. Maria hatte es ihm beigebracht, als er klein war:

„Vater, in deine Hände lege ich jetzt meinen Geist."

Er senkte den Kopf und sagte:

„Jetzt ist alles getan."

Dann hörte er auf zu atmen.

Ich lebe wieder, sagt Jesus

Jesus hatte einige heimliche Freunde, sogar unter den Führern des Volkes im Hohen Rat. Einer von ihnen hieß Josef und kam aus einem Ort mit dem Namen Arimathäa.

Er besaß eine schöne unbenutzte Grabstelle und bekam die Genehmigung, Jesus dort zu bestatten.

Der nächste Tag war ein Samstag, ein Sabbat, das war ein Feiertag. Da durfte man nicht arbeiten, nicht einmal bei einer Beerdigung. Deshalb waren Josef und seine Freunde gezwungen, sich zu beeilen und Jesus noch am selben Abend ins Grab zu tragen.

Sicherheitshalber ließ Pilatus Wachen am Grab aufstellen und einen großen, schweren Stein vor die Graböffnung rollen, damit niemand ins Grab gelangen und den Leichnam stehlen konnte.

In letzter Zeit war es nämlich einige Male vorgekommen, dass der Leichnam eines hingerichteten Aufständischen von seinen Freunden gestohlen wurde. Und Pilatus wollte sichergehen, dass es mit diesem Jesus keine Probleme mehr gab.

Sobald der Feiertag vorbei war, eilten Maria aus Magdala, Johanna und Maria, die Mutter des Jüngers Jakobus, zum Grab.

Es wurde gerade hell, so früh war es noch.

Maria aus Magdala hatte Gewürze und Öl dabei, um den

Körper von Jesus einzusalben. Das hatte am Abend, als Jesus gestorben war, niemand mehr tun können, und am Sabbat war jede Arbeit verboten. So wollte sie es jetzt nachholen und hoffte, die Wachen würden ihr helfen und den Stein zur Seite rollen.

Aber als sie beim Grab ankam, war der Stein nicht mehr da. Er war verschwunden – und das Grab war leer! Keine Soldaten waren zu sehen.

Sie war voller Angst und wurde zugleich von einer großen Traurigkeit ergriffen.

Jemand muss ins Grab eingebrochen sein und den Leichnam gestohlen haben!

Es war dunkel im Grab, aber sie konnte erkennen, dass es leer war. Sie stand da und weinte bitterlich.

„Frau, warum weinst du? Wen suchst du?“

Das wird der Gärtner sein, der gerade vorbeikommt, dachte sie. Aber ich traue mich nicht, mich umzudrehen.

„Ich suche meinen Meister. Er ist tot, antwortete sie. Aber der Leichnam ist verschwunden. Jemand muss ihn geholt haben. Weißt du, wo ich ihn finde?“

Da sagte die Stimme hinter ihr:

„Maria!“

Woher wusste der Gärtner ihren Namen?

Sie drehte sich um.

Das war nicht der Gärtner, der dort stand.

Das war Jesus.

Dort unter dem Baum im Morgenlicht.

Er lebte!

„Mein Meister!“, sagte Maria und streckte ihm ihre Hände entgegen.

„Geh und erzähl es den anderen, dass du mich gesehen hast!“, sagte Jesus. „Ich bin von den Toten auferstanden, wie ich es euch gesagt habe. Jetzt gehe ich euch allen voraus, bis wir uns wiedertreffen.“

Was er damit wohl meinte? Maria verstand gar nichts.

Doch sie und die beiden anderen Frauen gingen und erzählten den anderen Jüngern, was Jesus gesagt hatte.

Maria aus Magdala war die erste Person, der Jesus nach seiner Auferstehung begegnet war.

Petrus und die anderen konnten zuerst gar nicht glauben, was ihnen die Frauen erzählten.

Aber ein wenig später kam Jesus auch zu ihnen, und da verstanden sie, dass es die Wahrheit war.

Einer von denen, die Jesus auf seinen Wanderungen gefolgt waren, hieß Thomas. Ihm fiel es besonders schwer, die Berichte der Frauen vom leeren Grab und vom auferstandenen Jesus zu glauben.

Vielleicht ist das alles nur ein Wunschtraum, und die Frauen haben sich das nur eingebildet, dachte er. Und in ihrer Einbildung sind natürlich auch die Wunden an den Händen längst verheilt, dort, wo Jesus ans Kreuz genagelt wurde. Oder die Wunde, die entstand, als die Soldaten ihn mit einem Speer in die Seite stachen, als er schon nicht mehr lebte.

Ich werde nicht glauben, dass er auferstanden ist, solange ich nicht die Wunden an seinen Händen sehe und die Wunde an seiner Seite fühle!

Am nächsten Tag kam der engste Kreis der Anhänger Jesu zusammen.

Als sie zusammensaßen und aßen, stand Jesus plötzlich in ihrer Mitte, obwohl die Tür fest verschlossen war.

Sein Leib war verwandelt, sodass er durch die Wände gehen konnte. Trotzdem war er richtig lebendig.

Er aß gemeinsam mit ihnen Fisch und Brot.

Dann sagte er zu Thomas:

„Komm her und berühre mich! Ich bin kein Geist oder Gespenst. Fühle die Wunden an meinen Händen und an meiner Seite! Die Wunden sind immer noch da.“

Da zweifelte Thomas nicht mehr. Er sagte nur:

„Mein Herr … und mein Gott!“

Das ist wie beim Weizenkorn, sagt Jesus

Zwei Männer, die mit Jesus durch die Lande gezogen waren, wussten noch nichts von der Auferstehung ihres Meisters. Sie waren nicht dabei, als er sich in Jerusalem seinen Jüngern gezeigt hat.

Ihre Herzen waren schwer vor Trauer. Was sollten sie jetzt machen?

„Es ist bestimmt gefährlich, in Jerusalem zu bleiben. Lass uns in ein kleines Dorf ziehen, ein Stück von der großen Stadt entfernt."

Sie gingen langsam, die Köpfe gesenkt.

Alle Freude war aus ihrem Leben verschwunden. Der Frühlingswind war noch ziemlich kühl, und sie hüllten sich in ihre Kleider, um nicht zu frieren. Sie sprachen nur wenige Worte miteinander.

Da hörten sie, wie jemand hinter ihnen ging.

Es war ein Mann, und er hatte sie schon bald eingeholt.

„Worüber redet ihr auf eurem Weg?", fragte der Fremde. „Ist etwas Besonderes passiert?"

„Du bist wohl der Einzige in Jerusalem, der nicht mitbekommen hat, was passiert ist", sagten sie zu ihm. „Wir reden von Jesus aus Galiläa. Er ist im Land umhergewandert, hat alle

geheilt, hat Gutes getan und von Gottes Reich erzählt. Aber er wurde gefangen und hingerichtet wie ein Verbrecher. Dabei hatten wir gehofft, er würde alle befreien. Wir glaubten, er ist der Messias. Was für ein Reinfall!"

„Ganz und gar nicht", sagte der Fremde. „Habt ihr nicht in den alten Schriften gelesen, dass alles genau so kommen musste? Der Messias musste leiden und sterben, damit alle befreit werden können. Das ist so wie bei einem Weizenkorn. Das muss ja auch auf den Boden fallen und sterben, damit etwas Neues daraus wachsen kann. Die Propheten haben das schon vor langer Zeit gesagt. Der Messias kommt nicht wie ein normaler König."

Als sie ihren Weg nach Emmaus fortsetzten, erzählte der Fremde ihnen noch mehr von dem, was die heiligen Schriften angekündigt hatten.

Gottes Reich kommt nicht mit Waffengerassel und Gewalt, aber es wächst mit großer, tiefer, stiller Kraft zwischen den Menschen. Damit das geschehen kann, musste der Messias sein Leben geben.

Wie merkwürdig – je länger sie die Stimme des Fremden hörten, umso mehr vergaßen sie ihre Angst und Sorgen.

Es kam ihnen vor, als würde die Sonne durch die Wolken brechen und sie wärmen. Ihr Herz schlug schneller, und sie spürten, wie die Freude in ihnen emporstieg.

Der Wind war nicht mehr so kalt wie vorher.

Ihre Wangen bekamen frische Farbe, als würden sie etwas Besonderes erwarten.

Was der Fremde erzählte, hatte große Ähnlichkeit mit dem, was sie von Jesus gehört hatten. Es kam ihnen so vertraut vor.

Keiner redet so wie dieser Mann, sagten die Leute immer, wenn sie Jesus zugehört hatten. Und der Fremde hier redete fast genauso. Ohne weiter darüber nachzudenken, gingen sie schneller als vorher. Alles schien plötzlich so viel einfacher zu sein!

Ehe sie sich versahen, standen sie vor dem Haus in Emmaus, in dem sie übernachten wollten.

Der Fremde war im Begriff, weiterzugehen.

„Kannst du nicht bei uns bleiben?“, fragten sie ihn. „Nur eine kleine Weile. Wir können zusammen Abendbrot essen.“

Der Fremde nahm die Einladung an und trat über die Türschwelle. Sie setzten sich an den Tisch. Der Fremde nahm das Brot, hob es empor, sprach den Segen und brach das Brot, um es mit ihnen zu teilen. In dem Augenblick erkannten sie ihn. Es war Jesus.

Er war es, der mit ihnen den ganzen Weg durch ihre Trauer bis hierher gegangen war.

Im selben Augenblick war Jesus nicht mehr zu sehen, und sie wussten genau, was sie jetzt zu tun hatten: Sie mussten sofort umkehren und nach Jerusalem zurückkehren, dort die anderen treffen und ihnen erzählen, dass Jesus von den Toten auferstanden ist!

Als sie in Jerusalem ankamen, völlig aufgeregt und außer Atem, erfuhren sie, dass die anderen Jesus auch schon getroffen hatten. Er war wirklich lebendig!

Petrus wird eine wichtige Frage gestellt

Petrus fühlte, dass er eine Auszeit brauchte, um sich zurückzuziehen und über alles, was passiert war, in Ruhe nachzudenken. Er hatte versprochen, Jesus niemals zu verlassen. Und was war geschehen? Er hatte dreimal in derselben Nacht geleugnet, Jesus zu kennen.

Er hatte gesagt, dass er Jesus liebte und bereit war, sein Leben für ihn zu geben. Und was war geschehen? Er hatte nichts erreicht, außer der Sache mit dem Ohr, das er einem Soldaten abgehauen hatte. Und das hatte Jesus sofort wieder geheilt.

Er hatte alles falsch gemacht. Jetzt schämte er sich dafür.

Das einzig Richtige, was ich getan habe, so dachte er, war die Rückkehr nach Galiläa, wo ich jetzt wieder fischen will. Davon verstand er etwas. Er war jahrelang ein tüchtiger Fischer gewesen. Und das würde jetzt auch wieder klappen.

So fuhr Petrus hinaus auf den See Gennesaret, zusammen mit einigen anderen, die ebenfalls lange mit Jesus unterwegs gewesen sind.

Zuerst genoss er das wunderbare Gefühl, mit dem Boot auf den See zu fahren, das Wasser zu sehen und zu riechen wie in alten Zeiten. Hier ging ihm alles leicht von der Hand. Er kannte die Strömungen im See ganz genau, er kannte die

Standorte der Fische und wusste über den Einsatz der unterschiedlichen Netze Bescheid.

Aber etwas in dieser Nacht war anders als sonst. Was sie auch versuchten – kein einziger kleiner Fisch ging ihnen ins Netz. Sie kannten alle Kniffe, aber es war, als wären alle Fische verschwunden. Was war da los?

Nicht einmal das Fischen gelang ihm also. Er wusste jetzt gar nicht mehr, wo er hingehörte.

Als es langsam über dem See hell wurde, konnten Petrus und die anderen ihre Lampen löschen und sich auf die Rückfahrt zum Ufer machen.

Das Wasser lag spiegelblank und völlig still da, und ganz oben in den Bergen fielen die ersten Sonnenstrahlen auf die Felsen und leuchteten rot im Sonnenaufgang.

Als sie sich dem Ufer näherten, sahen sie dort einen Menschen. Es schien so, als würde jemand auf sie warten.

Wer konnte das sein?

Sie blinzelten hinüber, konnten aber nicht erkennen, wer es war.

Da rief der Mann am Ufer in ihre Richtung. Es klang über das Wasser zu ihnen, und sie konnten seine Worte genau verstehen.

„Hallo! Habt ihr etwas zu essen mitgebracht?“, rief er.

„Das ist Jesus!“, rief Johannes.

Petrus spürte, wie sein Herz einen großen Sprung machte.

Sofort machte er selbst einen Sprung, hinaus aus dem Boot, und plumpste ins Wasser.

Es war dort nicht mehr so tief.

Es spritzte gewaltig. Petrus wollte noch einmal zu Jesus kommen, und zwar so schnell wie möglich.

Als alle am Ufer waren, sahen sie, dass Jesus ein Feuer am Strand gemacht hatte und dort Fische grillte. Er hatte auch Brot für das Frühstück dabei.

Er muss gewusst haben, dass sie in der ganzen Nacht nichts gefangen hatten und jetzt großen Hunger hatten.

Nachdem sie gegessen hatten, blieben Jesus und Petrus noch eine Weile am Strand, nur sie beide.

Sie hockten sich nieder, um ihre Hände zu waschen, und Jesus blickte Petrus an.

Gleich wird er es sagen, dachte Petrus. Er wird mich fragen, warum ich ihn im Stich gelassen habe. Oder er wird mir gleich sagen, dass ich nach alldem, was geschehen ist, nicht mehr zu ihm zu gehöre.

Aber Jesus sagte:

„Petrus, ich will dir eine Frage stellen: Liebst du mich?“

Petrus zuckte zusammen. Jetzt müsste er wohl Nein sagen. Er müsste sagen, dass er geglaubt hatte, Jesus zu lieben. Aber das war sicher alles nur Einbildung gewesen. Schließlich hat er Jesus verleugnet, als der ihn am dringendsten brauchte.

Aber er wartete noch einen Augenblick, bevor er antwortete. Und dann nahm er seinen ganzen Mut zusammen und sagte das, was wie ein Feuer in seinem Herz brannte:

„Ja, Jesus. Ich liebe dich."

Es blieb eine Weile still, bevor Jesus noch einmal fragte:

„Wirklich, Petrus? Liebst du mich?"

„Ja", antwortete Petrus.

Es fiel ihm jetzt schon etwas leichter.

„Ja, ja, das tue ich wirklich."

Da fragte Jesus ihn ein drittes Mal:

„Ist das wahr? Liebst du mich, Petrus?"

Petrus wurde traurig. Ja, er hatte versagt, aber er wollte doch den einen auf keinen Fall verraten, der für ihn der Wichtigste in seinem Leben war.

Egal, was jetzt passierte. Er musste die Wahrheit sagen.

„Herr, du weißt alles", sagte Petrus. „Du weißt, was in der Nacht passiert ist. Und trotzdem ist es die Wahrheit, dass ich dich liebe."

„Ich glaube dir", sagte Jesus. „Jetzt hör mir zu. Du bekommst einen Auftrag. Sorge für die, die an mich glauben! Du sollst ein Hirte für meine Schafe werden."

Diesen Morgen hat Petrus niemals vergessen.

Geht hinaus und sagt es weiter

Jesus zeigte sich seinen Freunden noch einige Male nach seiner Auferstehung.

Dann eines Tages nahm er sie mit auf einen Berg hinauf und sagte ihnen:

„Jetzt wisst ihr, dass ich alle Macht im Himmel und auf der Erde habe. Und ihr habt diese Macht gesehen. Jetzt ist es Zeit für euch, wegzugehen und zu berichten, was ihr gesehen und gehört habt, damit es alle Menschen auf der ganzen Welt erfahren. Macht Menschen zu meinen Jüngern und tauft sie im Namen des Vaters und des Sohnes und des Heiligen Geistes! Ich bin an allen Tagen bei euch und werde euch niemals verlassen. Doch erst einmal sollt ihr in Jerusalem bleiben und darauf warten, dass euch eine große, innere Kraft geschenkt wird."

Dann wurde er emporgehoben und war nicht mehr zu sehen.

Die Freunde gingen wieder in die Stadt.

Was sollten sie jetzt tun? Sollten sie sich wirklich trauen, in die ganze Welt hinauszuziehen und von Jesus und dem Reich Gottes zu erzählen?

Würden sie nicht auch verspottet und getötet werden, so wie Jesus?

Sie versammelten sich in einem großen Raum in einem Haus in Jerusalem, eine Treppe hoch, und trauten sich kaum hinauszublicken. Sie saßen mehrere Tage drinnen hinter verschlossenen Türen, bis es Pfingsten wurde.

Zu Pfingsten wurde in Jerusalem ein Erntefest gefeiert, genau fünfzig Tage nach Ostern.

Am Pfingsttag, als sie alle zusammen waren, kam plötzlich ein Brausen wie von einem starken Wind oder Sturm und erfüllte den ganzen Raum, in dem sie saßen. Es sah aus, als würden Flammen aus Feuer erscheinen und sich auf jedem von ihnen niedersetzen.

Alles war erfüllt mit Gottes Kraft.

Alle Angst war wie weggeblasen.

Sie liefen aus dem Haus. Dort hatten sich viele Menschen versammelt, weil sie das Brausen gehört hatten. Die Jünger erzählten ihnen allen von Jesus.

Es waren dort Menschen aus verschiedenen Ländern, die alle nach Jerusalem gekommen waren, um das Erntefest zu feiern. Du hast von den meisten Ländern wohl noch nie gehört. Einige hatten wirklich seltsame Namen – es waren dort Parther und Meder und Elamiter, Menschen aus Mesopotamien und Judäa und Kappadozien, von Pontus und Asien, Phrygien und Pamphylien, Ägypten und aus der Gegend von Zyrene in Libyen, Menschen aus Rom, es waren Juden, Römer und Griechen, Kreter und Araber.

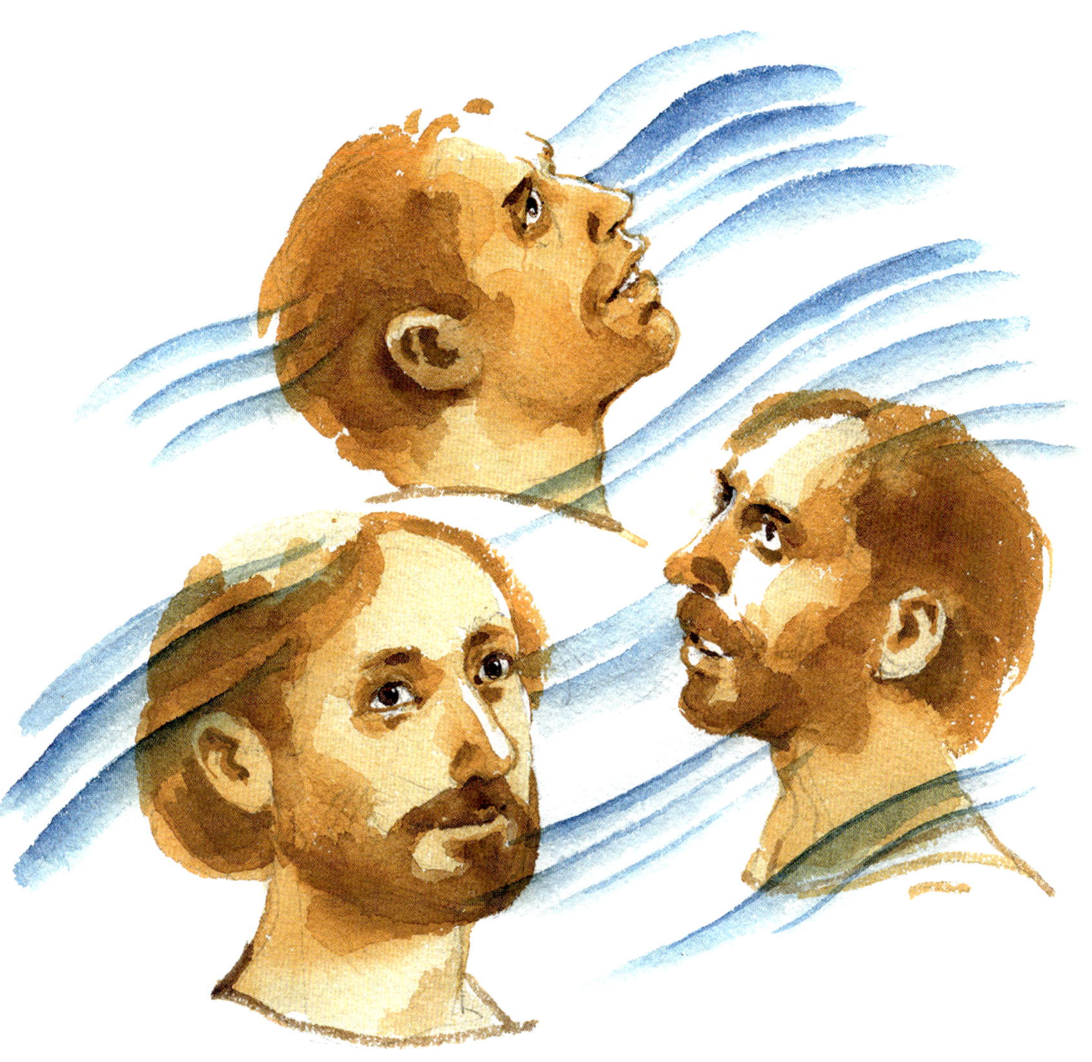

Sie kamen tatsächlich fast von überall her und sprachen völlig unterschiedliche Sprachen. Doch als Petrus und die anderen zu erzählen begannen, da verstanden alle, was sie sagten. Jeder hörte sie in seiner eigenen Sprache.

Was geschah dort gerade? Die Menschen standen da mit offenem Mund und staunten: Ein paar ungebildete Männer kommen plötzlich heraus und sprechen alle möglichen schweren und ungewöhnlichen Sprachen, als wäre das für sie die normalste Sache der Welt.

Und warum sehen sie so unglaublich froh aus?

„Sie haben bestimmt da oben gesessen und sich mit schlechtem Wein betrunken", sagte einer aus der Menschenmenge.

Da trat Petrus vor und sagte:

„Hört mir zu, weil ich euch etwas Wichtiges sagen muss. Wir sind nicht betrunken. Wie sollten wir, es ist doch erst neun Uhr am Morgen. Nein, hier geschieht das, wovon der Prophet Joël schon vor langer Zeit gesprochen hat. So steht es geschrieben: Es soll geschehen in den letzten Tagen, so spricht Gott, dass ich meinen Geist ausgieße über alle Menschen. Genau das erlebt ihr gerade! Gottes Leben, Gottes Kraft, Gottes Freude ist für alle da."

Dann erzählte Petrus von Jesus. Dass er gekreuzigt wurde, obwohl er der Messias war. Dass er von den Toten auferstanden ist. Und dass er jetzt seinen Geist gesendet hat, damit alle im Reich Gottes sein können.

„Wenn ihr umkehrt und euch taufen lasst und Jesus nachfolgt, wird euch vergeben, und ihr erhaltet den Geist als Gottes Geschenk", sagte Petrus. „Dieses Versprechen gilt für euch alle und für eure Kinder und für alle Menschen, auch wenn sie weit entfernt von hier wohnen."

Seine Worte trafen wie ein Pfeil ins Herz der Zuhörer.

Ungefähr dreitausend Menschen wurden an diesem Tag getauft.

Und die, die in Jerusalem wohnten, hielten zusammen wie eine große Familie. Sie besuchten sich in ihren Häusern, aßen zusammen und halfen sich gegenseitig. Niemand wollte seinen Besitz für sich behalten, sondern sie nutzten alles gemeinsam.

Die an Jesus glaubten wurden „die Menschen in der Gemeinde“ genannt oder „die Menschen, die den neuen Weg gehen“. Später nannte man sie Christen.

Dieses Pfingstfest, als der Geist wie ein Sturmwind kam, gilt heute als Geburtstag der Gemeinde oder der Kirche.

Kornelius ruft Petrus

Das Letzte, was Jesus vor seinem Abschied zu den Freunden gesagt hatte, war: Geht in alle Welt und erzählt, was ihr gesehen und gehört habt!

Wie ging es danach weiter?

Wir wissen nicht alles, aber einiges.

Thomas reiste möglicherweise bis nach Indien, denn dort gibt es noch heute Christen, die zur Thomaskirche gehören.

Jakobus, ein Bruder von Jesus, blieb in Jerusalem. Er kniete so oft zum Beten nieder, dass es hieß, seine Knie seien ganz hart geworden, fast so wie bei einem Kamel.

Maria aus Magdala und Maria, die Mutter von Jesus, waren wichtige Personen in den ersten Gemeinden. Maria aus Magdala, so wird erzählt, war wohl eine Zeit lang in Ägypten. Ja, sie soll angeblich sogar nach Frankreich gereist sein und dort gelebt haben.

Ein Mann mit dem Namen Paulus hatte lange Zeit die Christen gehasst und verfolgt, bis er selbst ein Christ wurde. Den Rest seines Lebens verbrachte er damit, in verschiedene Länder zu reisen, um von Jesus Christus zu erzählen. In einigen der Länder sprachen die Menschen griechisch. Messias heißt auf Griechisch „Christus".

Paulus traf auf seinen Reisen eine mutige Frau. Sie hieß Lydia. Auch sie begann, an Jesus zu glauben. Es machte ihr nichts aus, wenn andere das nicht gut fanden.

Und Petrus? Ja, auch er reiste ab und zu. Aber er war es nicht gewohnt, Menschen aus anderen Ländern zu treffen. Er war schließlich nur ein Fischer aus einem kleinen Dorf in Galiläa. Es fiel ihm schwer, andere Sprachen zu lernen und Speisen zu essen, die er nicht kannte. Manches durften Juden überhaupt nicht essen. Es war in ihren Augen unrein.

Eines Tages stand Petrus auf dem Dach eines Hauses in der Stadt Joppe. Es war ein Flachdach, und es gab eine Treppe, um auf das Dach zu kommen.

Petrus war hinaufgestiegen, um zu beten. Er wollte einen Augenblick allein sein.

Wie gewöhnlich hingen auf dem Dach Kleider und Tücher zum Trocknen. Die Leute in dem Haus trockneten ihre Wäsche immer auf diese Weise.

Als Petrus dort oben war, hatte er plötzlich eine Vision.

Es sah aus, als würde sich der Himmel öffnen und sich so etwas wie ein Leinentuch herabsenken. Auf dem Tuch befanden sich alle möglichen verschiedenen Speisen – und etliche von ihnen waren für Petrus verboten.

Als das Leinentuch neben Petrus gelandet war, hörte er eine Stimme:

„Erhebe dich, Petrus, und iss diese Speisen!"

„Nie im Leben", sagte Petrus. „Ich kann nichts essen, was unrein ist."

„Was Gott für rein erklärt hat, das sollst du nicht unrein nennen", sagte die Stimme.

Das geschah dreimal, bevor das Tuch wieder emporgehoben wurde und verschwand.

Petrus grübelte nach, was diese Vision wohl bedeutete. Aber ehrlich gesagt, er verstand gar nichts.

In diesem Augenblick klopfte es unten an der Haustür. Wer konnte das sein?

Nun, wir blicken jetzt erst einmal ein wenig zurück: Am selben Tag hatte ein Mann aus einer ganz anderen Stadt ein sonderbares Erlebnis.

Die Stadt hieß Cäsarea und der Mann war Römer. Er war Offizier der römischen Armee und war es gewohnt, Befehle zu erteilen. Er hieß Kornelius. Er war ein guter und rechtschaffener Mann und glaubte seit einiger Zeit an Gott. Kornelius half den Armen und lebte nach den Geboten Gottes.

Dieser Tag hätte für ihn ein ganz normaler Tag werden können, wenn da nicht die Sache mit dem Engel gewesen wäre.

Jeder Mensch, der von einem Engel besucht wird, ist zuerst einmal völlig erstaunt.

So war es auch bei Kornelius, als plötzlich ein Engel im Raum stand und sagte:

„Kornelius?"

Er blickte erschrocken zum Engel und fragte:

„Was willst du, Herr Engel? Oder soll ich sagen: Frau Engel?"

„Gott hat deine Gebete erhört und hat gesehen, dass du viel Gutes tust. Sende jetzt einige deiner Leute in die Stadt

Joppe. Dort gibt es einen Mann, der Petrus heißt. Er wohnt am Meer bei Simon, dem Gerber."

Kornelius ließ sofort drei seiner Mitarbeiter kommen und schickte sie zu Petrus.

Und jetzt sind wir wieder bei Petrus. Gerade als er seine Vision auf dem Dach hatte, klopfte es.

Die drei Männer kamen ins Haus und berichteten, dass Kornelius Besuch von einem Engel hatte und sie zu Petrus schicken sollte.

„Gott lässt dir sagen, dass du Kornelius besuchen sollst", sagten sie.

Petrus dachte immer noch darüber nach, was die Vision bedeuten konnte. Ob es vielleicht etwas mit Kornelius zu tun hatte?

Kornelius war ja kein Jude und aß bestimmt viele Speisen, die Petrus nicht einmal berühren würde. Außerdem war er Römer und Offizier. Er arbeitete für den Kaiser in Rom, der Israel besetzt hielt.

Kein Jude konnte sich vorstellen, in das Haus eines solchen Mannes zu gehen.

Petrus lud die Männer ein, über Nacht in Joppe zu bleiben.

Am nächsten Morgen hatte er sich entschieden.

„Ich weiß nicht genau, warum", sagte er, „aber ich glaube, Gott will, dass ich mit euch nach Cäsarea komme."

So geschah es.

Am nächsten Tag erreichten sie Cäsarea, wo Kornelius mit seiner Familie und seinen Freunden schon wartete.

Jetzt stand Petrus vor der Haustür. Sollte er wirklich hineingehen?

Er zögerte.

Wer weiß, was passiert, wenn ich es tue, dachte er.

Oder hatte etwa Jesus genau das gemeint, als er uns Jünger in die ganze Welt schickte, um zu erzählen … Galt das auch für diesen Ausländer Kornelius?

Aber war er nicht unrein?

Da erinnerte sich Petrus daran, was er in seiner Vision gehört hatte – dass alles, was Gott rein nennt, nicht unrein genannt werden darf.

Und er erinnerte sich auch an die Worte von Jesus – dass wir alle Menschen lieben sollen, auch unsere Feinde, und dass Jesus gekommen ist, um alle Kinder Gottes zu sammeln, und dass der, der groß sein will, den anderen dienen soll.

Und er dachte das Gleiche, was Paulus immer sagte – dass es keine Rolle spielt, ob jemand Jude oder Grieche ist, Sklave oder Freier, Mann oder Frau, weil wir alle eins sind in Jesus.

Ich muss es tun, dachte Petrus.

Und zwar sofort. Er trat über die Schwelle und ging hinein in das Haus von Kornelius.

Kornelius stürzte ihm entgegen und warf sich vor ihm auf den Boden, um ihm seinen Respekt zu erweisen.

„Nein“, sagte Petrus. „Steh wieder auf!“

Sie blickten sich zum ersten Mal an.

„Niemand soll vor mir knien, ich bin auch bloß ein Mensch“, sagte Petrus.

Und so begann Gottes Reich auch in Cäsarea zu wachsen.

Ylva Eggehorn

hat diese Nacherzählung der Bibel geschrieben. Sie ist eine Schriftstellerin und lebt in Schweden, dort ist sie sehr bekannt. Mit 13 Jahren hat sie ihr erstes Buch geschrieben! Sie hat Gedichte, kurze Geschichten, historische Romane und Lieder verfasst. Manche davon sind im Gesangbuch der schwedischen Kirche zu finden, andere hat sie für Benny Andersson geschrieben (von der Popgruppe „ABBA"). Ylva Eggehorn ist verheiratet und Mutter von zwei Kindern; die sind heute schon groß.

Tord Nygren

hat für diese Bibel die Bilder gemalt und auch für ganz viele andere Kinderbücher. Er ist ein Maler und lebt in Schweden.

Rainer Haak

hat diese Bibel aus dem Schwedischen ins Deutsche übersetzt. Er ist selbst auch Schriftsteller, seine Frau ist Musikerin. Zusammen haben sie zwei Kinder.